《山西文華》編纂委員會　編

山西文華·史料編

平陽府志

清康熙版　第八册
卷二十八至卷三十四

劉益令◎整理

山西出版傳媒集團
三晋出版社

山西文華

平陽府志卷之二十八

方技

專家之業君子弗爲爲其近且小也伶工審音不得班於后夔方士占驗豈容躋之義仲無他道與藝别焉耳然而事苟適用工之實難弄丸承蜩貫蝨斲堊未必技進於道要皆由專得精史記扁倉有傳龜策有傳甚至日者有傳藝事造微各名其家寧以近小也而忽之舊乘之外頗多蒐輯作方技志

上古董父　黄帝裔孫左傳晋太史蔡墨曰昔飂叔安有裔子曰父好龍能求其嗜欲飲食之龍多歸焉乃

擾蓄龍以服事帝舜帝賜姓董氏使豢龍封諸鬷川鬷川氏其後也所居地有陂澤多生蒲葦因名其里曰董澤成化壬辰冬池水裂血鱗如鑑蓋龍蛻也今澤傍尚多董姓澤在聞喜縣東四十里

夏劉累 堯之裔嘗學擾龍于豢龍氏帝孔甲獲二龍不能食累爲飲食之帝嘉之賜氏曰御龍受豕韋之後一龍死潛醢以食帝帝饗之既而使求之懼遷于魯范氏其後也

醫緩 晉悼公病求醫秦伯使緩治之未至公夢二豎子相謂曰彼良醫也懼傷我將逃焉其一曰我居肓之上汝居膏之下若我何緩至謂公曰疾不可爲也在肓之上膏之下攻之不可達之不及藥不至焉不可爲也公曰良醫也厚禮而歸又春秋傳曰晉侯有病求醫于秦伯秦伯使醫和視之曰疾不可爲也是謂近女室疾如蠱非鬼非食惑以喪志良臣將死天命不佑趙孟曰良醫也厚禮而歸之

公孫彧 襄陵人與屯留崔懿之皆善相及見劉淵驚相謂曰此人形貌非常吾所未見也於是深相崇

敬推分結恩後淵僭號果如所言

劉白墮襄陵人善釀酒久曝日中味不變飲之不醒因名酒爲白墮有賫入番刼盜飲之醉皆被擒又名鶴觴

北齊王春安邑人少精易占明陰陽風角齊神武帝引爲館舍韓陵之戰四面受敵從寅至午三合三離將士皆懼神武將退春叩馬諫曰至未當大勝縛其子詣軍門不勝請斬之旣而賊果大敗後征討占事多中位東徐州刺史封安邑縣公

唐丘延翰聞喜人永徽時有文名遊太山于石室中遇神人授玉經即海角經也洞曉陰陽依法扦擇罔有不吉開元中爲縣人卜葬地理氣交見太史奏曰河東聞喜有天子氣朝廷忌之使斷所扦山詔捕之大索弗獲詔原其罪詣闕陳陰陽之說以天機等書進呈秘以金函玉篆號八字天機拜亞大夫之官祀三仙祠

衛大經解州人以文學聞不狎俗常閉門絶人事生而敏悟周知天文曆象窮冥索玄後以壽終墓在解梁之野開元中天水姜師度奉詔鑿無鹹河以溉鹽田剗室廬潰丘墓甚多解梁皆病之旣至衛先生墓前發其地得一石刻字以爲銘蓋衛先生之詞也詞曰姜師度更移南向三五步工人得之以狀言于師度師度異其事歎咏之久顧謂僚吏曰衛先生奇士也卽命工人遷其河遠衛先生墓數十步焉今按衛先生沒于開元初姜師度河中府尹無鹹河卽巫賢河由姚暹渠入鹽池又名無鹽河

宋

苗訓河中人善天文占候之術周末以散指揮使從太祖北征視日上復有一日久相摩盪指謂楚昭輔曰此天命也後累官檢校工部尚書子守信知筭造乾元曆累官至司天少監

張德明襄陵人字顯道性不喜華麗精于醫常施于人而尤急窮困故遠近求者無虛太原提刑种師道來求醫隨診授藥卽愈師道悅遂以朝廷所降妙應大師勑旨與之以酬其勞

苗守信訓之子知等造乾元美累官至司天少監

朱好古襄陵人善畫山水與人物工巧宛然有生態與
同邑張茂卿楊雲瑞俱以畫名家人有得者若
拱璧號襄陵三畫

馬遠其先河中人後居錢塘工山水人物花鳥種種臻
妙獨步畫院光寧兩朝授待詔子麟能世家學然
不逮父遠愛其子多于己畫上題作麟畫蓋欲麟得譽
故爲畫院祗候

元田忠良字正卿趙城人金正徙中山忠良好學通儒家
雜家言嘗識太保劉秉忠于微時秉忠薦于世
祖遣使召至帝視其狀貌步趨顧謂侍臣曰是雖以陰
陽家進必將爲國用俄指西班第二人謂忠良曰彼手
中握何物對曰鷄卵也果然帝喜又曰朕有事縈心汝
試占之曰當是一名僧病耳帝曰然國師也遂送司天
臺給筆札令秉忠試星曆遁甲諸書諸生鮮有及者詔
官之司天帝曰朕用兵江南困于襄樊累年不決奈何

對曰在酉年矣至元十一年阿里海牙奏請率十萬衆渡江帝密問曰濟否曰濟帝獵於柳林侍臣甚衆顧忠良曰今拜一大將取江南朕心已定果何人也忠良環視目一人對曰是偉丈夫可屬大事帝笑曰此伯顔也汝識朕心賜鈔五百貫衣一襲中元夜白氣貫三臺帝問何祥曰三公其死乎未幾劉秉忠卒八月帝出獵駐蹕召忠良曰朕有所遺汝知何物可復得否曰其數珠乎明日二十里外有人來獻已而果然帝喜賜以貂裘十月有旨問南征將士能渡江否奏曰正月當奏捷次年正月取鄂州伯顔遣使獻寳有玉香爐以賜忠良及金織文十疋二月帝不豫召問曰或言朕今歲不嘉汝術云何對曰聖體行自安矣三月果愈賜銀五百兩衣材三十疋五月帝清暑上都召之曰叛者浸入山陵久而不去汝與和禮霍孫率衆往視之既至山陵如故俄而叛兵大至圍之三匝三日不解忠良引衆夜歸敵殊不覺和禮霍孫以爲神自其事于帝賜黃金十兩諸所言事罔不奇驗十八年特命爲太常丞遷少卿二十九年遷太常卿大德元年遷昭文館大學士中奉大夫兼

太常太卿武宗卽位進榮祿大夫司徒賜銀印仁宗卽位又進光祿大夫領太常禮儀院事延祐四年卒年七十五贈太師追封趙國公謚忠獻

梁周泰字白亨稷山人出儒醫元至正間授平陽路醫學教授子權孫叔東皆世其業邑人稱其有活人功子孫世躋科目爲邑望族

孫固太平人號古真道人始誕時姑射山草木不生者三年長于儒術兼精閏法百工技藝無所不通人稱爲百會先生

明韓昌洪洞人世以醫相傳德厚心慈醫不計貲人多重之時見推車者卧道憐之胗病知寒移煖屋藥之汗愈及行資以粥米其人叩謝曰願公多壽生貴子洪武初避兵岳陽山中遇異人授秘術醫病不診視一見卽知生死遠方至者知爲某來藥之輒效有不可者教以預後事其言悉應時稱神醫孫肅七歲誤吞鐵釘舉

家皆憂吕曰無妨三年後釘當出他日且生貴子大吾
門後釘果從脇下出固無恙已乃生忠定公文官至戶
部尚書加太傅謚忠定贈吕如其官其言果驗且曾孫
三世甲第亦天之報厚德云

師敬謙岳陽人遠望二羊鬭水趨視之乃書二冊取回
容讀久而能騎轆軸騰空夜行一二千里後與
僕同騎轆軸赴揚州觀燈主僕相失僕被地方盤詰送
官審其來歷差向原籍拏謙謙行遇水遁去

馬繪安邑人精陰陽術永樂七年以薦辟授禮科給事
中終欽天監監副

王佩安邑人精陰陽術永樂七年以薦辟授永清縣知
縣終欽天監監正

仝寅安邑人少瞽而性聰警學京房易占斷多奇中名
聞四方容遊大同明英皇北狩陰遣太監裴當問
之寅筮得乾之初九附奏曰龍君象也四初之應也龍
潛躍必以秋應以壬午浹歲而更龍變化之物也庚者
更也庚午秋車駕其還乎後七八年必復辟午火德之
正也丁者壬之合也其丁丑月壬寅日壬午乎既而也

先復入寇石亭召問休咎寅筮之曰無能爲也且彼氣
已驕戰之必克果敗去及英皇還居南宫指揮盧忠上
變妄言請寅筮之寅以大義叱之曰是大凶兆忠大懼
佯爲風狀後英皇復位授錦衣衛百户子孫世襲石亭
有他志寅力止之尤爲人所敬服

陳璡　字宗器稷山人由布政司都吏成化中欽除金吾
右衛親指揮使經歷封徵仕郎陞趙州判官璡傳
神如生繪山水諸科入神品子嶂孫桂能世其業

張英　臨汾人自幼穎悟不事師傅善畫人物翎毛尤工
戲墨不顔構而精神飛動號平水翁有編集書譜
行于世平陽知府樊瑩有溪山不減王摩詰臺閣無慚
董伯仁之句

張汝霖　號濟川猗氏杜村人初業儒後謝帖括專心岐
黄之術爲名醫僧寘淵嘗患暑汲井水沃頭濟
川見之曰一月之後將患頭痛不可忍當亟服藥僧不
聽月餘果頭痛坐卧無措乃求方于濟川濟川曰今始

求藥遲矣頭痛及年當自止但慮汝牙早落耳踰年齒
隕而頭痛愈又邑紳陳起登爲諸生時患疾經年延濟
川診視曰若得變症傷寒則大愈無幾陳果變症患熱
疾增劇家人惶遽求濟川濟川傳問寢息壁嗽狀曰可
勿藥有喜也家人以不下藥爲疑濟川乃出一方示之
曰但令發汗疾即愈矣家人持歸人爭謂自濟川所得
奇方閱視之止數味無異尋常疑信者半及服之汗出
遂痊濟川尤精太素脉每决人死生壽夭無不中然不
肯輕言有求療治者必盡心調理之卒不計利人以此
益重之年九十三嘗隔歲預知死期謂其子孫曰吾於
某年月必死凡吾書未就者當速爲補緝之於是口誦
若干卷令其子日錄之至藏書盈箱凡有殘鈌者悉語
其子曰某卷某葉失幾字訛幾字校訂殆無遺漏其學
之邃博如此親友聞而駭之爭來覲濟川曰某年某月
吾必死親友愛我者當期前一日共至豦飲以盡平生
歡及期親友果聚濟川黃髮童顏扶杖徐步無恙也相
與笑語竟夕至次日令其子視棺衾設奠次因正衣冠
瞑目而逝卒年九十有四人爭異之相傳爲仙去

翟師程　襄陵人爲邑庠生情性孤峻心思工巧善書寫不效前人之筆而自爲一家更精書龍虎山水人物亦不由尋常蹊徑

楊棟　字世資蒲州人聰敏博覽撫育三兄之子孫尤精醫靈寶何御史以童子致幃帳中以爲女之有疾者令診之察脉曰乃童男無病者因大竒歿後行醫于河東運司識其面者訝曰此莫非蒲州之楊世資也耶遂不復見芮城水門村翟炳一日詣蒲向藥室詢姓名子叙曰乃故父也何以問及炳曰吾與爾父今月九日言别有約相訪時有郭惟良輩詰其故炳曰某乃老醫在吾村治病衆因驚疑其爲神矣

王斆　聞喜人能詩弘治間以天文授欽天監臺官一時名公相與唱和邑學士大夫無弗推重

藥三德　永和人苗之子也針灸神效忘佽活人

賀良爵　隰州人初爲郡庠生烺烺有聲後慕道歸隱與物無競州人咸重之其於星暦醫卜之術無所

不曉尤精於易凡人之吉凶得失爭往卜之尤著靈驗明萬曆丁巳春夏亢暘爵登東山虔禱食不下咽衣不解帶約七日而大雨滂沱二禾成熟常施藥餌符水救人賴以全活者甚衆

楊文昭字震寰蒲州諸生屢試不售隱於藝嘗以栴檀作佛像宛如生人遊京師諸貴人多招致之楊昂藏自負恥於干謁其所交皆一時名彥最著者則韓少師爌呂尚書惟祺錢尚書謙益曹中丞于汴程布衣嘉燧而於錢程稱莫逆今錢集約震寰遊吳程集中贈蒲州楊生稱磊落奇男子者皆謂文昭也

楊炳字文虎蒲州治城人精於醫決人生死不爽嘗以事赴安邑途中向逆旅主人求宿旁有一少年識之謂人曰此所傳神醫楊某也吾姑試之時少年方中食郎從窻中躍入偃臥床上呻吟求炳救炳診視大驚曰郎君殆將不起左右皆竊笑之是夕少年果死或問其故曰腸已裂不復可治也其奇中多如此又其妻嘗有娠炳診畢喜曰吾活人多矣是子必以科名顯後子世增登辛丑進士歷官御史其後世率多習醫者故州

人稱爲藥丸楊氏病又曾治某藩旣愈賜金一笏亦稱楊一笏焉崇禎間侍郎李爲立祠州城東門

國朝趙運興滎河人生平不好紛囂清潔自守結茅屋一間藝菊數種有淵明東籬之致通天文地理望氣占風奇門六壬之數順治初山西廵按劉逵私出偶遇並行言我夜觀天象執法星比流逵愕然康熙九年七月間彗星見於西南人皆駭異問之曰此兵兆也然分野掃楚地我晋無害十三年吳應琦犯長沙止及於湖南而未及湖北其言果驗

曹鶴徵絳縣人素性耿介取與不苟家饒偶遇異人授以針法每日門聚百餘病愈毫不索謝遠來者或贈以酒食貴介屢以金帛致謝堅弗受年九十八歲面紅顏白鶴髮童顏里中呼爲曹神仙

薛仁附字清槐曲沃人性敏有博物之稱稍長治岐黃業多奇驗

平陽府志卷之二十九

風俗

古者輶軒之使採列國之風謠以貢於天子蓋民俗之美惡政治之得失繫之矣唐儉魏思咏於詩雜見於杞傳遷史謂堯舜之地風教固殊非無徵也守土以來於今四載行部者數矣所至輒察其車服器用以觀其好尚何乃今異於古所云也豈世變使然或亦所以率之者非與夫矯末俗而返之淳類非一切禁令之所能爲書曰爾維風下民維草孔子曰道之以德齊之以禮有

恥且格噫此可識治本已作風俗志

季札觀樂爲之歌唐曰思深哉其有陶唐氏之遺民乎不然何憂之遠也非令德之後誰能若是爲之歌魏曰美哉渢渢乎大而婉險而易行以德輔此則明王也（左傳）

太史公曰參爲晋星其民有先王遺教君子深思小人儉陋又曰水深土厚性多剛直好氣任俠當全晋之時固已知其剽悍矣（史記）

人物殷阜不甚機巧其於三聖遺風尚未澌滅（隋志）唐風土瘠民貧勤儉質樸憂深思遠有堯之遺風焉魏風其地狹隘民俗儉嗇蓋有聖賢

之遺風焉詩傳河東地少沃多瘠是以傷於儉嗇其俗剛
強亦風氣使然隋書平陽堯之所理也有茅茨采椽土型
之度故其人至於今儉嗇有温恭克讓之德故其人至
於今善讓有師錫僉曰疇咨之道故其人至於今好謀
而深有百獸率舞鳳凰來儀於變時雍之美故其人至
於今和而不怒有昌言儆戒之訓故其人至於今憂思
而畏禍有無爲不言垂衣裳之化故其人至於今恬以
愉此堯之遺風也吳子曰美矣善矣其蔑有加矣夫儉
則人用足而不淫讓則遵分而進善其道不鬭謀則通

於遠而周於事和則人之質戒則義之實恬以愉則安而久於其道也至乎哉（柳子厚晉問）太行山之高處平陽晉州蒲坂山之盡頭堯舜所以都其地磽瘠人民朴陋儉嗇惟堯舜能都之後世太侈不能都矣（朱子論）崇禮讓多勇敢（圖書編）虞夏治迹之所經行夷齊清風之所漸染宜乎有薰而善者陶而化者（河中志）衣服鮮麗容止閑雅良由仕宦之鄉陶染成俗（隋文帝幸蒲州）民淳而事簡有虞氏之遺風存焉（趙孟頫序）境接古虞芮之國習俗崇禮讓之風（解梁志）晉霸之餘人性剛悍然勤稼穡好蓄積（一統志）岳陽絳州

堯都所在其民勤且儉猶有遺風焉一統志霍州民性質直勁勇能守而鮮亂鄉多龎眉之老郡志隰州吉隰之地多山其人性質朴信實一統志男務耕農不事商賈婦事蠶而不能紡織婚姻死葬鄰保相助舊志吉州人好力田喜雨苦旱平陽志居不近市女不向衢士民有分男女無雜男於納賦恥於遊食舊志鮮俗奉上急公竭力完正供獨先士夫敬謹尚廉節恥投剌干謁罔無撓長吏權者稱淳厚易治解州志人民性質而朴素財用節儉而不侈文武鮮尚商賈不通山西通志岳陽晉魏以來文學盛興閭里之間習

於程法（文獻通考）民勤生業尚義好儉（府志 絳縣）猗士瘠民貧不
商不賈秀者爲士朴者爲農士雖嗜學不廢耕耘農急
正供難賠婦子賴天時以食地力瞿瞿蹶蹶終歲靡寧
即欲不儉孰與爲奢乎特患無暇治禮何患不中禮乎
（王似鶴猗氏志）河津水深土厚俗尚勤樸事農畝無貿易因貧
就簡尚有朴風士大夫才學氣節俱以王薛爲宗境鮮
游惰之民邑多貞節之婦閨門嚴肅翁婦避嫌男不納
贅女不招壻婦不閒遊宅肆不相通男女不貿易此其
所可尚者但習沿尚鬼未攺殷俗婚姻論財弗恤怨曠

此持政者之所當亟挽也河津志　安邑質直無譎險百姓淳朴畏公盡力南畝四鄉婦女織紝亦勤惟是邑瀕鹺海而闤闠之夫率趨於利安邑志　淳朴而儉力稼穡知讀書故虜希文學記曰民皆向善而服勤守儉而知義有大禹之遺風夏縣志　俗尚節儉不事商賈男耕女績各執其功重婚喪惜廉耻以官法不及爲榮以家事不治爲辱比閭親睦有無相須交際往來一秉古禮浮山志　垣民醇厚男勤耕女勤織大都垣爲虞舜商湯漸磨舊地其崇節儉敦孝友厚塟祭敬神明急貢賦惡淫風畏刑辟

不諳商賈不事華靡耕讀漁樵治生衣服器皿皆朴其鄉之長老尤多厚重謹飭仕進亦砥礪名節婦人則修女事慎內閫洵有古之遺風焉曲沃志

聞喜俗多節義士夫不以宦勢驕人男耕女織質朴之風猶然近古聞喜志

翼水土深厚故其俗樸質地多剛壤故其民武悍有先王克儉之遺風故其習纖嗇然纖嗇在嗜利嗜利必機巧生機巧生必厚藏厚藏不與驕奢期而驕奢至矣任俠故多慷慨有奇節特操之士亦必有武斷力競之徒此其大抵也翼城志

冠禮久廢

昏禮各處不同大約六禮之中僅存其四問名納采請期親迎而已亦有不親迎者張筵演劇富家率以爲常無復古者昏不舉樂之意

親迎之日擇親戚中年相若者一人飾以俱往名曰伴郎擇婦擇壻古人慎之近時士大夫止重門第議昏多不待男女之長市井細民甚有指腹割襟者久生它故或至速訟

女家勒索聘禮男家苛責粧奩自詩禮舊家而外鮮有

免者
親喪納女名爲拜喪遊子未歸而娶婦號曰空房又有
男子未聘女子未字旣故而後議昏兩柩合葬謂之冥
配尤習之陋也
執親之喪不作佛事不用俳優士大夫秉禮之家間有
行者鄉里怪之目爲儉親誦經超度扮劇愉尸牢不可
破至於出殯之日幢幡遍野百戲俱陳力不能備則以
爲耻寧停柩焉翼俗近古頗可爲法
泥信堪輿由來已遠卜地卜日動經数歲其能卓然不

或者百無二三

營廟置主唯搢紳有之然亦同堂異龕而已寒食忌辰

率皆墓祭豐儉稱力民間設龕於寢祭儀亦大槩簡畧

矣

歲時祀祭夏冬兩舉率多演劇爲樂隨其村聚大小隆

殺有差蓋猶報賽之遺云

鄉鎮立香火會扮社火演雜劇招集販鬻人甚便之然

男女聚觀識者恨焉

平俗不信鬼事至於山僻之處醫藥難致一有疾病則

巫覡端公乘間惑之非稍知禮義者鮮不墮其術中

元旦夙興燔栢葉或焚束薪名曰興旺火陳牲醴果羞

祀天地祀神祀先家衆以次跪拜稱壽畢出拜尊長及

戚里焉飲食相招十數日乃已

立春噉蘿蔔數片名曰咬春取荐辛也春盤春餅繁華

之鄉間亦有之

元宵張燈毬架鰲山鼓吹雜戲火樹銀花城市爲多然

奢儉相懸各從其俗鄉村以小瓦盞點油燈遍列門室

蒸麵作魚蛇置燈旁俗呼伴燈

十六日婦女牽伴夜遊名曰走百病鄉村頗少二十日
家食煎餠名曰添倉夜不張燈俗呼爲鼠忌
二月二日俗傳龍擡頭日家爲鼓箕春分釀酒醋
寒食墓祭且加封爲清明踏青放紙鳶架鞦韆通郡不
過數處穀雨以灰酒灑墻名曰禁蝎
四月一日插皂角葉却諸病
五月五日繫五絲懸艾虎鮮糭飲雄黃酒婦女佩硃砂
袋鄉間多不識角黍者
六月六日曝書曝衣作麯伏日合醬

七月七日設瓜果筵童男女乞巧郡中或舉或否

中元薦麻穀佐以果羞烈楮墓前

中秋陳瓜果望月羅拜已而劇飲

重陽家食糕間有攜酒登高者採野菊以歸

十月一日墓祭畧同清明唯裁楮象衣名曰送寒衣十

五日祓祭名曰閉神門

冬至祀先親友相賀郡中或舉或否

十二月五日和五種豆及米作飯名五豆粥八日置果

飯中名臘八粥二十三日晚設餅餌祀竈逾日掃舍宇

除日易門神桃符更春帖老稚圍飲爆聲達霄名曰守歲守歲或舉或否

已上諸條平陽風俗大畧盡矣其它縱博健訟青衿違呈以及臨晉之自宮皆遡來惡習漸染未久非不可變之俗也申禁令修教化責有攸歸願與諸賢宰共勉之

平陽府志卷之三十

物產

任土作貢貢所産也禹貢八州皆有貢物而冀獨無之無貢則無産乎産其所不足貢斯謂之無産也亦宜雖然貨無珍奇致養者貴物無凢近適用者良黍稷穜稑之藝葵菽瓜壺之種桃李棗栗之實鷄豚狗彘之畜麻菅桑檿之植檜栢揄楸之材衣食於是乎出享祀於是乎成宮室器用於是乎取水深土厚其爲産也多矣平陽隸㕛冀州而氣有偏鍾土有偏宜物有偏滋未可以

一郡概全冀也作物產志

穀屬

稷一名穄關西謂之穈冀北謂之穈詩維糜維芑糜即穈音轉也　黍苗穗與稷同有黃白赤黑四種米皆黃俗呼爲黃米李時珍曰稷黍一類二種粘者爲黍不粘者爲稷今俗通呼爲黍子　穀即粱也今直名之曰穀脱殼則爲粟米亦曰小米李時珍曰今之粟在古但呼爲粱自漢以後始以穗大而毛長粒粗者爲粱穗小而毛短粒細者爲粟故唐孟詵本草言人不識粟而近世皆不識粱也　秫即粱米粟米之粘者可釀酒

稻有粳糯二種霍解蒲絳四州臨汾襄陵洪洞趙城曲沃稷山夏縣聞喜諸縣俱種之　高粱一曰蜀黍以種來自蜀故名　麥有大麥小麥二種　豆即菽也其種不一有黃豆綠豆黑豆豌豆豍豆豇豆赤豆

芝蔴絳解蒲州襄陵洪洞趙城稷山安邑聞喜夏縣臨晉榮河猗氏諸縣俱有

蔬屬

白菜一名菘一種莖圓厚微青一種莖扁薄而白葉皆淡青白色別種有黃芽菜 芥菜種類頗多

土產惟花芥一種 芹 蘿蔔凡三種一根白莖赤一莖根俱赤一細長而脆 胡蘿蔔黃赤二種 蔓菁一名蕪菁一名諸葛菜 蒝荽一名胡荽 茼蒿 莧有紅白紫三種又有馬齒莧 莙蓬 葱 韭 蒜味辣生田野而小者曰老鴉蒜生園畦而大者曰葫蒜 薤 山藥 菠菜俗號爲赤根菜

瓜屬

西瓜各縣俱種產河津者佳五代時郃陽令胡嶠征回紇得此種歸故名西瓜刺麻瓜黃穰黑子最香美

黃瓜青白二色王瓜土瓜也本草言之甚詳今俗以月令王瓜生卽此誤矣 冬瓜 甜瓜

菜瓜青黄二種 絲瓜 瓠 壺甘者多羨苦者可浮水 南瓜 北瓜

茄

果屬

桃 杏 梨 棗 石榴 李 柿可釀酒 葡萄紫白二色

林檎又名花紅沙果似之而小 蘋果 櫻桃 胡桃 松子 榛子

栗 沙果即柰 軟棗即羊棗以上府境俱有 蓮藕臨汾襄陵洪洞趙城夏縣聞喜俱有

木屬

松 柏枝匾者曰匾柏 檜 桑二種一曰樹桑一曰條桑 槐 梧桐 楸

楊葉大而圓者曰青楊葉小而白者曰白楊其材可作屋 柳 楮 椿 榆山榆材堅

白榆材脆　樗數種葉密而臭莢名鳳眼　竹有淡苦二種　檀　梓　皁莢　櫟

花屬

迎春　丁香有紫白二種　紫荆　海棠有貼榦垂絲諸種又有秋海棠

蘭曲沃縣出　牡丹　芍藥　葵花　萱草　月季　玫瑰

夜合　山丹　剪秋羅　石竹　鳳仙　金盞　玉簪

木槿　蓮花　紫薇　秋葵　鷄冠　旋覆　水紅

菊平陽府郎蓼境俱出　欵冬　蠟梅

草屬

苜蓿　蘆葦　荻　茅　艾　蒿　莎　馬藺　芣苡

車前也

藥屬

地黃土名婆婆㚷又呼婆婆乳　瞿麥即石竹花苗本草載絳州　芍藥絳州出　防

風　連翹　知母本草載解隰州出　茵陳本草載絳州出　款冬花　梨

蘆本草載解州二種以上平陽俱出　鹿茸山州縣出　藁本　黃精本草載解州二種

茈草諸山出　酸棗仁　桔梗平陽絳州俱出　蒼朮萬泉縣出　黃芩隰州出

人參諸山谷出　益母方莖葉如艾背青對節生其花穗叢簇節上花紫者爲益母主入血分花白者

爲天麻雖入氣分能散酒麯中用之俗名馬鞭草　蒼耳一名卷耳　白蒺藜隨地蔓生　枸

杞府境俱有　豬苓　遠志本草載解州出　大戟　半夏　前胡　五

靈芝寒號蟲糞諸山俱出　麻黄　細辛　木通　紫參　威靈仙
蕨薇　白薇　五味子　白芷　蕤仁以上平陽府境内俱出
龍骨齒角諸處川谷及水岸上俱有蓋龍蜕實非死也　禹餘糧石　京三稜
秦皮　地柏以上載蒲州志　天麻　貝母並出平陽　王不留行本草載蒲州
蛇床子　香附子並出蒲州　茵芋本草載絳州　麝翼城等諸山俱出
兎絲子蒲絳二州出　紫菀本草載解州臨晉出　寒水石平陸縣出　大陰玄精石解州山出
膽礬解州垣曲俱有　鹽精亦玄精類也解州鹽池出　苷遂蒲州臨晉俱出　牛膝襄陵出
蝎梢解州出　苷松臨晉縣出　蒲黄本草載蒲州　蠡實郎馬藺子也俗呼馬楝子平陽出
斷續平陽山谷間出本草載絳州　班猫本草載河東山谷間出　芫花

絳州九原山中出紫蕪

羽屬

鷄　鴨　鵝　燕紫胸輕小者是越燕斑黑聲大者是胡燕　鵲　鶯　烏

純黑小而腹反哺鴉下白　布穀　老鴉　鴿　鵓　斑鳩　啄木

耳　戴勝　夏鷄　鴟　雀　鳶　鶚　鷺　鴈　天

鵞觧州水澤中出

毛屬

牛　馬　犬　羊　豕　騾　驢　麞　麅　鹿　兎

虎　豹　豺　狼　狐　狸　野羊　野猪　貉　貛

猫　鼠有數種

鱗屬

鯉魚　鯽魚　黄鱔　白鰻　鮎魚　鱉　小蟹山澗中出性寒不可食

平屬瀕河州縣俱産魚然黄流急湍漁人又無網罟之具水漲時則持木棒伺河岸而擊之中者百或得一焉此何異馬上徒兒彎弓矢以射河伯也汾河産亦不多味肥美惟臨晋五姓湖魚甚廣漁人畜鸕鷀取之味差減黄河矣舊府志不載兹特補入

貨屬

鹽解州安邑有池　緜花府境俱有　紙臨汾蒲蒲解尤多　紙州俱出　石炭鄉寧　石灰

木炭　靛絳州霍州尤美　銀硃翼城縣出　土粉汾西三雲村出　漆吉州出　椒各縣俱有　蜜各縣俱有　蠟各縣俱有　硝觧州女鹽池出　鹻聞喜夏縣俱出　羊皮郡境內俱有惟絳州熟其美不及陝西　氈片　氈帽俱出絳州　鎖絳州翼城俱出　紅花　黑磁霍隰吉蒲四州臨汾襄陵翼城岳陽趙城汾西鄉寧河津曲沃等縣俱有　白磁霍州出

帛屬

絹襄陵縣出　紬夏縣絳縣俱出　布州縣俱出　帕臨汾襄陵蒲州俱出　絲　麻　麻布

花布　手巾曲沃聞喜出　絲線夏縣出

金屬

鐵臨汾洪洞鄉寧俱有冶坑　鉛相傳平陸垣曲北山有從未驗

五金皆産于土天地生之原以濟民用而後世採金
之地遂爲藏奸之藪致亂之源明季嘉靖間有一道
士居夏縣溫泉山私行採煉以自給後漸聞於人不
逞之徒遂相率競取河南盧氏諸縣礦徒蜂擁渡河
殺人肆虐河東始有設防之役始有加征之徭夏縣
始有駐節之官萬曆十四年歲荒河南亾命又渡河
盜砂爲亂遂又添設平陽衛兵八百名布守河口護
防山谷平陸芮城垣曲一帶民不寧居矣萬曆二十
五年差宦官張忠駐夏開採至三十三年因礦盜猛
熾山南百姓益不聊生始行停止封洞防護軍兵騷
擾近礦村落無虚日知縣胡梅申請撤回以省祭官
統欒葥手代之是時各省屬俱差宦官採取四方騷
動流賊乘釁作亂明遂以亾
國朝康熙四十六年二月内有太原陽曲奸棍高華等勾
結内務府人德哥等叩　閽指稱繁峙崞縣應州寧
武夏縣聞喜等處有金礦銀礦銅礦每歲願輸戶部
銀二十萬兩自備人工開採部行查詢巡撫都察院
噶公禮將康熙十四年以後歷年卷案均屬挖取無

砂久奉封塞　題覆高華等又行瀆奏
聖天子知其詐而恐無以服其心塞其口也爰　命戶部
郎中赫都押解高華等十八人至晉踏勘是年九月赴
繁應等處開挖無驗十月初一日戶部郎中赫公都
巡撫都察院噶公禮布政使司永公泰河東道楊公
朝麟平陽知府劉棨通判董紳聞喜知縣江國棟夏
縣知縣蔣起龍帶高華等至聞喜之衛坡郎華所稱
魚坡彎也用人二十名刨挖至夜無銅砂初三初四
復挖二日報得砂二十觔又至夏縣溫峪山刨挖不
見銀砂次日又另開一洞挖二日得砂二十餘觔遂
將所採獲二砂面同部員封固還省覓匠煎煉並無
銀色雖有銅星不成分數于是將高華德哥等交部
員押解回京覆奏奉
旨將高華議罪發落礦洞永行封塞此三晉合省士民感
戴
天子之聖明而蒙庥於萬禩也夫有明開礦之害如彼我
朝封礦之利如此况平陽三十四屬惟產鑌鐵實不
產金銀銅錫而奸徒屢行妄控其意不過欲效盧氏

之續耳非
聖天子之睿照萬里當事之一力主持惡能保其無意外
之慮哉後世有封疆民社之寄者鑒往察來熟籌利
害則地方永受其福矣

平陽府志卷之三十一

古蹟

平郡古多遺蹟舜井董池湯城葛寨年閱數千不無傳會况佛峽僊洞旁見雜出者乎縱使傳聞有自而陵谷改觀卽起古人而問之恐未必復能辨識矣顧吾觀好古之士寄意憑吊搜尋丘壑摩娑碑碣荒煙蔓草指曰宮闕深山險磴目爲幽居子長作史記黃帝堯舜一一求得其處而至焉非獨侈異聞或亦各有取爾也矧近在一郡其敢闕諸神聖里宅名賢遊歷未必皆其故處

存而不論竊附於地以人傳之義作古蹟志

臨汾縣

蒼頡故宅南關西今西趙村地

帝堯茅茨土堦遺址府城南十里許帝堯故里名伊村

禮城城東相傳堯妻舜二女之地

擊壤處城北三里相傳堯時康老師擊壤歌處

康衢城東北五里堯遊康衢聞童謡處今名康衢村

丹朱馬路伊村北三里村南有演馬場

高粱城府東三十七里高粱都程黄里水經注曰春秋僖公二十四年秦穆公納公子重耳於晉害懷

公於此竹書紀年晉出公三十年智伯瑶城高梁漢高帝十二年以爲侯國封恭侯酈介於斯邑也又名梁墟

鄧子坡　城西南郇伯道棄子留姪處

劉淵城　府西南二十里晉永嘉末淵僭號初據蒲子後築此爲陶唐金城都之今金店里遺址猶存

白馬城　府東北二十里魏刑白馬而築之故謂之白馬城元魏及唐晉州皆治此

焦堡　府北五里吴將軍焦伓馨建城蹟尚存

金龍池　城西南三十里平水上永嘉中有韓嫗者野中見巨卵持歸育之得嬰兒字曰橛兒方四歲劉淵築平陽陶唐金城隨築隨壞不能就募能成者橛兒應募變爲蛇令嫗遺灰誌其後謂嫗曰凴灰築城可立就竟如所言淵怪之逐蛇至平山之麓入山穴中露尾數寸使者斬之忽有泉出穴匯爲池遂名金龍池

清音亭　府西北平水上龍子祠前元元貞間建

七星臺　城北會仙觀內

大中樓　府城中舊名中樓俗名鼓樓洪武初國子助教張昌扁其四面東曰太行形勝南曰雲天咫尺西曰河山一覽北曰中州雄鎮後人取其一名河山一覽樓康熙三十四年地震傾圮四十五年知府劉棨重建更今名

蓮池　府治推官舊宅東水自北穿城而入池之中央有宛在亭池東小閣嫩柳新蓮霜欄雪砌自公之暇時宴息焉今廢

待旦軒　府治內元判官王惲建

寶翰樓　府學明倫堂後

稅駕堂　府學大成殿後宋黃廷堅書扁

蓂莢亭

光天閣　堯廟萬曆間知府張宗孔李從心重建

襄陵縣

郤犨城　縣東南晉大夫郤犨之邑其地有郤氏鄉亭王莽更名曰斡昌今遺址尚存

許褚堡　縣西南北許村三國時建今四門遺址尚存

伯道古居　縣東南鄧莊有遺愛橋伯道所建

太平關　縣南京安鎮後魏太平真君立

秦王駐蹕處　縣東南安李村唐太宗常駐兵於此

職田莊　唐尉遲敬德耕處今齊村有溝名職田

稿木店　縣西南即縣舊治宋天聖初移治晉橋

王元輔宅　明禮坊街北金時宅改爲天真觀後改爲按察分司

西花園　興義坊元時縣人楊姓者闢地爲之引晉水經流其中蒔以花木創爲亭堂池舘明洪武間改爲按察分司後改察院

玉香亭　縣治南三十五里故關鎮金火廟之前延祐三年鐵冶都提舉滕世榮建

翠雲亭　縣治西按察司元建

洪洞縣

羊獬故墟　縣南二十五里相傳堯時神羊產於此

楊城　縣東南十五里范村又名危城村即春秋時楊侯國晉叔向所築漢爲楊縣王莽更名有年亭

擒昌廢縣 縣東南二十四里後魏太武擒赫連昌因置縣高齊省

煉丹爐 縣東二十里蜀村東韓仙君煉丹於此

高梁亭 史記齊桓公率鼇公討晉亂至高梁而還卽其地應劭曰高梁晉地在平陽縣杜預傳曰高梁亭在楊縣西南地道記梁城去縣五十里叔向邑

雪香館 城內西街西今廢

羅漢院 城西宋至治時建中有雪香亭遂緑亭花心亭月波亭流杯池環碧亭寒翠軒宜雨亭今院没

入汾水

浮山縣

故郭城 縣西南十里故縣村三面險絶惟東面平坦舊志載神山縣故郭城是也又名丹朱邑

飲馬泉　縣南三十里朱村傳冉朱飲馬處

平寧里　縣北十五里漢光武令鮑永安集河東破青犢賊既平還報光武曰賊已平國已寧因賜其鄉爲平寧里

桑維翰故宅　縣東北五十里夾榆村

煙霞閣　城南三十五里天聖宮內金建

深思堂

趙城縣

伏牛臺　縣東三十里伏牛里俗傳伏羲服牛乘馬始於此臺下有卧牛坑

八角井　侯村里其井八角諺以爲媧皇氏飲馬之水朝不滿二尺至夕常盈人不敢汲

趙簡子城縣東北三里周圍四里周趙父所築春秋時趙簡子居之遺址尚存

說法臺霍山頂休糧寺旁有方石臺俗傳休糧菩薩於此說法旁有五小臺爲龍王聽法之所

拴虎石說法臺下菩薩與人糧虎阻之因此拴虎休糧

打鼓泉休糧寺左泉水湧出其聲如鼓

出佛峽城西樊村山下俗傳寒山拾得現身於此

九仙洞縣北十五里五女原西懸崖高數千尺與汾水濤聲相應如有仙樂奏焉

飛虹塔霍山南麓後周保定元年僧法江建阿育王藏舍利處明永樂間修正德間僧達連重修高三百六十尺極其壯麗

太平縣

晋城　縣南二十五里趙康鎮東晋獻公都此左氏曰士蔿城絳以深其宫史記曰獻公始城絳都之

九層臺　在古晋城東晋獻公築九層臺荀息諫曰臣能累十二棋子加卵於其上公曰危哉息曰不危公造九層臺三年不成男不耕女不織亦甚危矣公遂止其役今其遺址改爲凉馬寺

鬭鷄臺　縣南三十里楊威村晋公子鬭鷄處

圈羊城　縣東南三十里永固村晋圈羊之所

屠岸賈城　縣東南二十五里

公孫杵臼窑　縣西北二十五里蟠道村

白波壘　縣東南三十里漢黄巾餘賊郭太於汾河西白波谷築壘以寇太原今名永固村

子奇壘　縣東三十里臨汾里後秦王姚興遣弟子奇率四萬人伐魏攻平陽陷之遂據柴壁魏軍大至

截汾水以守之子奇大敗投汾水其將狄伯支與其兵皆爲魏所擒今壘上有村曰柴莊

太平故縣　縣北二十五里太平關後魏太平真君中自晉城移臨汾縣置此因關爲名改曰太平縣

唐貞觀七年徙縣於敬德堡今名爲故城鎮

文中土龕　縣東南汾河之西龍門溝北昔文中子讀書於此其洞深廣二丈餘號文中子洞

飲馬路　縣東五里相傳尉遲敬德飲馬於汾河故有此路

桃花洞　縣西北二十五里蟠道村北洞口一桃樹自石中出其花先放香艷異常

家姑洞　縣西二里昔家氏女修行於此

岳陽縣

唐堯城　縣東八十里世傳堯築城於此以棲民遺址尚存

冀氏廢縣 縣東南一百里卽冀缺故里後魏置冀氏縣元省入岳陽今名冀氏里

和川廢縣 縣東九十里後魏義寧縣隋改和川後廢唐復置元省入岳陽今名和川里

曲沃縣

桐鄉 縣西南四十五里驛橋村見聞喜

陘庭城 縣東北十里庭城村左傳桓公三年晉武公伐翼次於陘庭

王官城 縣西南二里晉景公謀去故絳徙居新田卽此

虒祁宮 左傳晉作虒祁宮而諸侯畔水經注曰宮在新田絳縣故城西四十里晉平公之所構也其宮地背汾面澮西則兩川之交會也遺址猶存

太子陂 縣北十里世傳晉太子泛舟於此今涸距陂百武荀息故里今爲荀王里

九原　縣東北堰底村檀弓趙文子與叔譽觀於九原即此或云在絳州

平公故梁　水經注曰虒祁宮北横水有故梁截汾水中凡有三十柱柱徑五尺裁與水平蓋晉平公之故梁也

蒙坑　縣北四十里蒙城鎮北按魏書將軍安同日臣受遣詣絳見汾東有蒙坑東西三百餘里徑路不通又五代時王峻引兵趨晉州晉州南有蒙坑之險峻憂北漢兵據之聞前鋒已過喜日吾事濟矣即此

樂昌　縣南七里後周明帝移縣治於樂昌堡即此

絳邑　縣東南二里水經注日晉悼公謀去故絳居新田又謂之絳即絳陽也絳澮之陽漢高帝六年封越騎將軍華無害爲侯國縣南對絳山面背二水

鐵嶺關　縣西南五十里隘口村遺蹟猶存

太平館　元時建靳榮劉尚質每會集題詠於此墨跡猶存今爲民家

梅月亭　縣南濟溪上昔廢今復

白石樓　白水村西明李鎭所搆

翼城縣

唐城　縣南十五里唐城村丹朱所封之都

晉城　卽故城村成王滅唐封弟叔虞於其地至子燮改號曰晉卽晉故都也遺址猶存

避暑城　卽古暑村晉文公所築

熒庭城　縣東南七十五里左傳襄公三十三年齊侯伐晉取朝歌爲二隊入孟門登太行張武庫於熒庭水經注爲榮庭

息城　即三張村鄭太子所封後名壽城

皮牢城　即牢寨村史記周顯王七年敗韓趙之師於皮牢遺址猶存

河上翁街　壽城村翁市藥處

子城　在仵級里世傳漢光武太子駐師處西北有武場營盤草場遺址

隆化城　北齊取滄州置鎮於此

北絳城　北絳村後魏所置縣名遺址猶存

王逢寨　唐武宗會昌間逢屯兵處即今縣城

潞公軒　按察分司東宋天聖六年文彥博知翼城時建親書歲月榜於屋楹

東圃　縣治東北宋宣和六年縣令向淙建有靜樂軒錦江亭邀月臺疊翠亭五柳亭邑人丁彥卿有記今

俱廢

瞻遠亭　縣治內元時建

汾西縣

九仙洞　縣南六十里見山川

石佛崖　縣北三十里見山川

東閣　縣東李安莊

靈石縣

神林　縣東三十五里綿山之麓晉文公求介之推弗得縱火焚之之推抱樹死樹名黄蘆惟此山獨有俱半榮半枯鄉人即其地廟祀之天旱禱雨多應

欒室縣東綿山之内四壁高峻中有平原相傳晉鋼欒盈於此

魯班纏縣西南四十里地極嶮巇上有寺相傳魯班所修寺後石穴深幽不敢入有大風自中出四時不息或以爲風洞云

瑞石在北門外高六七尺玲瓏類太湖石相傳隋文帝所獲石卽此其文今不可辨或云鎭北門水患者

韓侯嶺在縣南二十里漢高帝征陳豨於代呂后殺信未央仍遣人函首送帝値帝返兵此處遂葬其首於嶺上後人卽其墓立廟祀之相傳塑像卽其遺首云

英雄相遇處小水鎭李靖虬髯公相遇處有祠

老生寨與秦王嶺相對宋老生築以拒唐兵處唐攻霍邑爲老生所遏兵不得進因神語從間道進遂破之神卽霍山神也

漁鼓洞 雙白里深帮村擊石聲如漁鼓故名

聖松樹 在文殊原高四丈相傳文珠坐現於此

介廟牡丹 廟中牡丹數本枝幹碩大毎開時花皆紅色有白花一朶開無定處人以爲神不敢輕折

蒲縣

講道臺 縣北蒲峪山蒲伊子與帝堯講道處

故仵城 縣西北六十三里後魏大武於此置仵城縣正平間置仵城郡隋廢郡以縣屬汾州

石城廢縣 縣西六十里後魏孝文帝於此置石城縣後周大象三年改石城縣爲蒲子縣隋大業三年移置縣治其城遂廢

蒲縣故城 縣西南二里隋大業二年置新城改爲蒲縣唐武德初移治城東其城遂廢今名無意村

歲寒亭　城西翠屏山晉文公廟內松栢森蔚夏月如冬

蒲州

風陵　州南六十里黃河北岸因風后塚故名

虞都古城　州城外東南與州城相連內有舜陵寢

舜宅　宋山川記云蒲坂城中有舜廟城外有舜宅蓋古城之外今之廟基是也

舜井　州城東舜廟後東西二井相去不數武宋真宗幸廟作贊名廣孝泉

歷觀　城南舜所耕歷山上

雷澤　州南四十五里雷首山下舜漁於雷澤卽此

陶邑　州北三十里黃河東岸舜陶於河濵器不苦窳故名唐馬燧敗李懷光於陶分兵會渾瑊逼河中府

卽此水經注曰陶城在蒲坂城北卽舜所都也

二妃壇 山川記云蒲坂城外有二妃壇蓋祀娥皇女英處今名娥英陵在蒼陵谷山之上

蒲坂縣 州城東五里水經注云地理志曰縣故蒲也王莽更名蒲坂應劭曰秦始皇東巡見有長坂故加坂也孟康曰晉文公以蒲賂秦秦人還蒲於魏魏人喜曰蒲反矣故曰蒲坂也

晉陽故城 州東四十里今名晉城綱目書秦取晉陽卽此

河曲 州南六十里黄河之曲春秋秦人晉人戰於河曲卽此

李樂營 中條山南漢興平間獻帝渡河幸李樂營河東太守王邑奉獻綿帛於此

越城 北門外周圍一百三十步西魏大統四年造浮橋九年築城以防越渡故名舊志謂魏豹所築盛兵蒲坂以塞臨晉者非也

永樂城　州東南一百二十里後周置永樂郡唐初置縣宋罷縣爲鎮其地有降生臺相傳侯道華昇仙處唐李商隱寓此

白樓　北城上唐詩云魏國山川在白樓

避暑樓　州城南中條山棲巖寺隋建

河東廒縣　州西北隅宣化坊今改建按察分司其前有鐵人二東西相對各高三尺相傳唐明皇幸此臣民鑄金以示榮

鐵牛　州城外黃河岸上唐開元二十二年鑄八牛東西岸各四牛以鐵人策之其牛並鐵柱入地丈餘前後鐵柱三十六鐵山四夾岸以維浮梁皮日休有河橋賦張說有橋贊宋祥符四年真宗次河中渡河橋覩鐵牛作詩嘉祐八年秋水漲梁絕西牛沉沒真定僧懷炳以二大舟實土夾牛維之用木鈎牛徐去土舟浮牛出

止得其三得牛而粱復成詔賜懷炳紫衣

呂洞賓故宅 州南永樂鎮呂巖所居唐郎其地爲呂公祠元爲純陽宫有銀杏樹相傳呂公手植

逍遥樓 北城上唐明皇有詩

緑莎廳 唐河中府有緑莎廳

薰風樓 城内唐廣明中王重榮建時與黄巢戰誓衆於樓因以克復爲名宋真宗祀后土幸河中以舜故都更今名命陳堯叟爲記

鸛雀樓 州西南城上舊在黄河中高阜時有鸛雀棲其上故名

爽心亭 州東南萬固寺五代時建

西關城柵 州城西五代漢乾祐間郭威遣白文珂克河中西關城柵于河西蓋城在黄河西岸以護

蒲津浮梁者舊屬河中

安民堂宋錢𣈆知河中府仁宗飛白安民二字賜之至和二年建安民堂於府治中

樂安莊州東關古城東北隅宋樞密直學士薛俅致仕歸所築因其封郡名曰樂安南北分爲二園有

逸老堂三經堂無無堂明月堂

河東舊驛州北一百里黄河護岸上今自道坡即驛路也後廢徙於州南永豐廂今又廢徙於東關

明晉藩官店

匼河故鎮州南五十里譚郭村首陽山側遺址尚存今有匼河舖

望川亭州南中條山上宋建西望秦川故名

瑞雲亭州南中條山上宋建

環勝樓　州城外宋建

觀河亭　州西黄河岸宋建

翫月臺　東門外相傳宋李金吾所築

基城　州南八十里其城不知築於何代以基址尚存故名其地爲基城里

雙市門　州東古城金將侯小叔復河中府殺元石天應於此門

樂里山寨　在州金將侯小叔屯軍處

武壁　州北自州至滎河河津黄河岸側凡八寨曰汾陰胡壁趙村薛戊薛堡達栢西倉禹門元至正末築

堡居中可制諸營移中軍其上更名武壁周圍一千二百步面臨絕澗北一門今存遺址

臨晉縣

桑泉城　縣東北十三里春秋僖公二十四年晉重耳濟河圍令狐入桑泉今亭東村南小盎原是其處下爲泉子溝若隋之桑泉縣治即北解古城非此桑泉也

王官廢壘　縣東南七十里左傳秦伯濟河焚舟取王官即此

令狐城　縣東十里令狐村春秋文公七年晉敗秦於令狐至於刳首闞駰曰令狐即猗氏刳首在西三十里縣南對澤即猗頓故居括地志令狐在猗氏縣界十五里今猗氏城西有令狐村似以在猗氏者爲是

段雄城　縣東北十九里舊志云干木宅

吳王寨　縣西三十里黃河岸東即韓信擊魏陳兵欲渡設疑之處

北解古城　縣東南二十里夾城東西兩村號城東城西村舊志云即西漢之解梁誤魏太和十一年置北解隋開皇十六年改置桑泉明隆慶五年居民于城內掘地得桑泉縣印一顆則知此城在魏爲北解在

隋爲桑泉而漢之解梁在解州非此城也

虞鄉古城縣東南六十里唐武德元年别置之虞鄉縣也舊志謂西魏所置誤

綏化故城縣西南三十里五姓湖北即後周綏化縣今以名鄉

三詔堂王官谷中唐司空圖隱居處

休休亭王官谷中又有濯纓堂心覧照修史擬綸諸亭皆司空圖所建

遺像堂王官谷宋至和中知河中府錢晦命虞鄉令樂沈即司空圖隱居處構堂設像祀之

楊家寨中條山石佛寺南世傳楊業後人屯兵于此

榮河縣

掃地壇在后土祠上即軒轅掃地而祭之所

脽上 脽者河東岸特堆崛長四五里廣一里餘高十餘丈巨靈坐處以形高起如人尻脽故名漢舊儀作葵上水經注曰汾陰城西北隅脽丘上有后土祠封禪書曰元鼎四年始立后土祠於汾陰脽丘是也又有萬歲宮漢宣帝神爵元年幸萬歲宮東濟大河神魚舞水

汾陰城 縣城北九里周顯王十四年秦伐魏取汾陰即此水經注曰魏土地記河東郡北八十里有汾陰城北去汾水三里俗名殷湯城成湯祠在焉

秋風辭亭 后土廟後有漢武帝秋風辭石刻今廢復建層樓于大殿前樓下有秋風辭石刻名曰秋風樓今崩于河水經注曰漢武帝行幸河東濟汾河作秋風辭

大寧宮 在蕭墻北宋祥符四年建真宗祀汾陰駐蹕于此前有穆清殿

延慶亭 縣東北

鐵人在蕭墻前鐵人四高各六尺相傳宋真宗所鑄頂
焚爐之具后土祠及東嶽祠上鐵柱各二今移鐵
人于西門外鎮河
龍馬負圖碑在大寧書院前今移明倫堂後
銘碑在城內察院東高丈餘濶三丈餘光澤堅厚上刻
宋真宗二聖配享銘

猗氏縣

郇城縣南二十里文王第十五子所封之國魯成公六
年晉人謀去故絳諸大夫皆曰必居郇瑕氏之地
即郇城後置猗氏縣歷代因之至隋大業九年徙今治
郇城故址則今之亭東村小蓋堡也水經注曰詩云郇
伯勞之蓋其故國也杜預春秋釋地云今解縣西北有
郇城服虔曰郇國在解東郇瑕氏之墟也又云今解故
城東北二十四里有故城在猗氏故城西北鄉俗名之
為郇城晉大夫詹嘉之故邑也京相璠曰今河東解西

南五里有瑕城

周八士故里 縣北南景村

南仲故里 縣西南十里香落村

猗頓宅 縣南二十里王寮村水經注云孔叢曰猗頓魯之窮士問術於陶朱公告之以畜五牸乃適西河大畜牛羊十年之間貲擬王公名馳天下以興富于猗氏故曰猗頓也漢名縣取此其地建陶朱公廟

神羗堡 縣東北十五里峩眉坡漢高密侯圍安邑定河東屯兵于此

杜如晦故里 縣南十里即今杜村堡

陳克基故里 縣西北二十五里陳翟村

萬泉縣

文王寨　縣西二十里孫庄高阜曲如城形臺高二丈有文王廟或曰文公寨葢晉文公求介子之處

崑崙臺　在縣栢林相傳漢光武登此以祀風伯雨師因勅今名

龍栢　在縣下生寺相傳光武繫鞭于上故枝成龍形

薛通城　縣南百步許邑人薛通因赫連勃勃東侵率宗族千餘築城以自固遺址尚存

秦王寨　縣東三里許相傳唐太宗爲秦王時取薛萬徹下寨處

桃花洞　在孤山南麓唐羅士信隱此有劉海登仙石見山水

河津縣

龍門　在秦晉萬山之會其北則龍尾等蹟卽所謂懸流三級浪者也水經河又南得鯉魚爾雅鱣鮪也出鞏穴三月則上渡龍門得渡爲龍矣否則點額而還自龍門而北則吉隰石嵐等州直抵偏關以達沙漠南來

至此山盡河出禹貢云導河積石至於龍門蓋神禹用功極力之地乃天下絕險寰宇奇觀上有禹廟名建極宫宫有眺翠延勝二亭又有道觀臨思閣流丹亭見龍門志

西河　水經注曰昔魏文侯與吳起浮河而下美河山之固卽此南有二石室臨河卽子夏廟室

耿都城　縣東一里一名舊縣城自秦移置楊村改曰皮氏縣後魏又改皮氏曰龍門復修築之元皇慶初爲汾水所圯僅存北面卽古耿城水經注曰故殷都也帝祖乙自相徙此爲河所毁故書叙曰祖乙圯於耿杜預曰平陽皮氏縣東南耿鄉是也盤庚以耿在河北迫近山川乃自耿遷亳晉獻公滅耿卽此

冀亭　縣北十五里晉大夫郤氏食邑於此水經注曰昔臼季使過冀野見郤缺耨其妻饁之相敬如賓言之文公文公復與之冀元王思誠有記今俗謂之上亭下亭

如賓鄉　縣北十五里以冀缺與妻相敬如賓故名

水經注曰漢河東太守潘系穿渠引汾水以溉皮氏縣故渠尚存今無水
潘渠

雲中堡在龍門山上前代避兵之所今名曰雲中城文中子登雲中之城望龍門之闕即此西有塔寺亦曰雲中寺

汾亭在汾河岸文中子遊此鼓琴有釣舟過曰美哉琴意傷而和怨而靜在山澤而有廊廟之意

文中子洞在黄頰山佛峪山脊上

文中子故里縣西南三十里通化村所謂蹠屬之南汾水之曲有先人之敝廬可以蔽風雨有田可以具饘粥即此地也又太平縣亦同名

薛仁貴故里縣東十五里大黄村

王績洞在黄頰山有詩刻今存

王刁洞在龍門山巖際

龍門倉開元二年置因石墟溝馬鞍塢二渠溉田畝收十石故置倉收貯發運至京以省關東之漕

醉經菴縣治東隅宋縣令安公建袁幾有記

解州

解梁故城州西六十里水經注曰涑水又西南逕解縣故城南春秋晉惠公因秦返國許秦以河外五城内及解梁即斯城也

觧縣故治州治北泰康坊舊廣慈寺東

鹽運舊司州城内崇寧坊元以前鹽司治此尚存遺址又鎮山坊有鹽場舊址

關壯繆故居州東十八里常平村今建爲廟

桃花洞　州西南七里中條山之麓昔人於十月之交見流水泛桃花故名洞左右古栢葱鬱怪石巉巗有羲皇洞三元洞仙花洞四仙洞猶龍梵王洞玉皇閣龍王殿金山殿絕頂有新亭明萬曆間知州周世科徧植桃樹三月花開滿山如錦見山川

元女洞　州東南中條山內洞口下深十丈中有深潭雩禱多應其洞頂有水從石間下飛散如雨

潺湲亭　州治內宋時有史氏父子相繼刺州其子建亭引通濟渠水灌圃以娛其母

梅花堂　州治後

安邑縣

蚩尤城　縣南十八里黃帝殺蚩尤血化鹵

虞城　縣北二十里大坊村

鳴條陌 東漢郡國志帝王世記曰安邑縣西有鳴條陌

相城 咎繇之後爲理氏商末理澄孫仲師遭難去王姓里至晉里克被戮克妻司城氏携其少子季友逃於安邑之相城因爲相里氏今相鎮猶呼相里亦曰相城

虞阪 縣南二十里中條山春秋晉假道於虞以伐虢卽此俗名青石槽水經注曰虞城北對長坂二十里許謂之虞坂戴延之曰自上及下七山相重戰國策曰昔騏驥駕鹽車上於虞坂遷延負轅而不能進葢其困處也是山也通謂之薄山故穆天子傳曰天子自鹽己丑南登於薄寘軨之隥乃宿於虞是也

段干木隱處 段村有元人段禧碑記

古城 其城二東西相連在西門外一里許本魏文侯所築魏武侯魏惠王並居此後惠王徙於大梁項羽徙魏王豹於河東亦居此韓信以木罌渡軍襲安邑入此城擒魏豹亦名魏豹城遺址尚存

韓信城　城南五里信屯兵處

韓信溝　韓信城西北自古城東逵湯里四圍皆水魏豹依險自固信乃開溝以洩水

張良城　縣東南十三里今名張良村東爲牧馬塲又東爲飲馬川

新堰箴碑　運城察院西刻宋天聖十年壬申十月癸卯石已破碎剝蝕明萬曆間運判王建中重立今廢

龍池宮　唐開元八年建禱雨輒應今潭上故址猶存

婁室城　縣東十八里金將婁室所築舊址猶存

羊駝寺　西王曲里鄉民掘地得石人騎羊者因創寺祀之

興國寺塔　唐貞觀年建有碑記塔高三十丈基廣畝餘盡以磚甃明嘉靖乙卯地震從頂裂至下七

層寛尺許萬曆間復合

曲環里　唐陳許節度曲環舊居在報國寺北故名其里曰寺北曲族人别居者曰大曲小曲

泛舟禪師塔　在舊報國寺舛王守禮孫也唐人信奉釋教王孫多爲僧

風谷洞　分雲嶺西深若半井投葉即飛其風一出飛沙拔木

富春樓　城内鳴條坊俗呼南樓

海光樓　縣西二十里聖惠鎭鹽池神祠前

鹽風亭　鹽池北岸峩眉坡上

淡泉亭　鹽池北岸

昆吾亭　縣城内昆吾坊

夏縣

夏城縣西十五里鳴條岡大禹所都周圍三十里西南面遺址尚存今名禹王城

青臺在禹城中高百餘尺俗傳妃塗山氏女因禹治水八年於外築臺望之禹廟在上水經注曰安邑禹都也禹娶塗山氏女思戀本國築臺以望之今城南門臺基猶存魏絳自魏徙此

夏王朝殿在青臺北一里許辛庄村前有遺址

酒池縣西北三十里夏王村桀爲酒池一鼓而牛飲者三千人即此

放桀臺縣西三十里高丈餘成湯放桀之地邑人即其地建廟祀湯並堯舜禹號四聖廟

秦樓在城內通志謂秦時建王翰詩蕭蕭棟宇自明昌則是建於金章宗時者相傳后土廟乃其遺址

温公宅縣西司馬里其精舍在城洪邁六合齋所載有喬木參天獨樂園至今猶是温公宅之句葢南

渡後猶存今則失其處矣

獨樂園縣西三十里按名臣錄温公居洛兄旦居夏縣皆有園池勝槩光歲一往省旦旦亦間至洛視光又按司馬康寒食上冢至瀾洄莊有詩刻石此葢司馬氏别墅也久廢

文會堂在明倫堂後温公讀書處東爲養蒙齋西爲達德齋今廢

忠清粹德碑在司馬温公墓前宋哲宗御篆忠清粹德之碑六字命翰林學士蘇軾撰文後章惇謀發公塚以許將諫不果行止踣碑石而額以御篆獲存金縣令王廷直得斷碑於深土分爲四石摹刻嵌于壁間明御史朱實昌刻文於碑復置額趺如故

知足齋石刻温公手書旁刻温公並文潞公小像嵌祠堂壁間

布衾銘石刻温公手書嵌祠堂壁間

柳氏訓言石刻　司馬侍郎行書柳氏自公綽以來至僅比他人耳一百二十六字嵌温公墓傍

誠一堂壁

元脫脫宅　今爲縣署其子孫尚存

聞喜縣

董父豢龍處　縣東四十里即董泊見山川

葛伯寨　縣南四十里湯王山下有村曰葛寨相傳爲葛伯阻兵之地

晉城　縣北三十五里晉原鄉相傳晉獻公築以避暑東南隅有基址相傳古禹王廟瓦礫存焉

周陽侯城　縣東三十里漢書正義曰周陽故城在縣東二十九里水經曰涑水又過周陽邑南注云其城南臨涑水北倚山原竹書記年晉獻公二十五年正月翟人伐晉周陽白兎舞於市即是邑也史記田蚡

傳孝景後三年封蚡弟勝爲周陽侯註正義曰絳州聞喜縣東三十里周陽故城也

清原　縣北三十里左傳晉蒐于清原杜預曰在聞喜縣北又馬融廣成頌云釆清原註云清原在聞喜縣北水經注曰清原城北故清陽亭也城北有清原晉侯蒐清原作三軍處也

祁午故壘　縣南四十里相傳晉祁午演兵所

左邑　縣東三十里卽今之東鎭水經注云涑水又西南逕左邑故南城故曲沃也晉武公自晉陽徙此詩所謂從子於鵠者也春秋傳曰下國有宗廟謂之國在絳曰下國矣卽新城也王莽之洮亭也卽狐突遇申生處請七日見我于新城西偏及期而往見于此處

桐鄉　卽縣治漢武帝元鼎六年將幸緱氏至左邑桐鄉聞南越破以爲聞喜當時左邑爲縣桐鄉爲鄉是以左邑之桐鄉爲聞喜非以左邑爲聞喜也漢武以後左邑聞喜並設至東漢廢左邑而移治聞喜至今仍之

曲沃志桐鄉在驛橋村距治西南四十五里一統志云在曲沃縣西南伊尹放太甲于桐卽此

郻城 縣東四十里唐宰相世系表非子之支孫封郻鄉因以爲氏今聞喜郻城是也後去邑從衣爲裴又楊燗庭菊賦爲庾子裴公作也中云乃有郻鄉貴族注云郻步回切河東聞喜郻鄉疑今裴村是北爲裴栢村

鄻鄉 古地名在聞喜縣見字類音義或云卽今縣東二十五里羊鄻頭

清通鄉 自縣治以東爲清通鄉晉裴楷言論清通故名其里

郭璞書堂 縣南六十里湯寨北秦王寨東南三硐中石室縱横丈餘有古字磨滅難辨相傳爲璞讀書處有碑又縣南一百里界原白石村大堰壑有仙人洞相傳亦璞讀書之所

龍頭堡 縣東四十五里程子卒葬曲沃龍頭山卽此又爲峩眉嶺首後周明帝絳州治此

秦王寨 縣南五十里秦王嶺城基尚存

美良川縣南二十里卽秦王世民遣兵部尚書殷開山等大破尉遲恭處今爲美陽鄉

神僧餉兵處縣南三十里唐太宗行兵至美良川糧缺鐵牛峪僧知旻以沙鍋煮飯爲餉軍士無不飽者及卽位勅建廣教寺以報之寺在沙渠

湖園縣東四十里董澤間李文叔云園圃之勝不能兼者六務宏大者鮮幽邃人力勝者少蒼古多泉水者艱眺望惟晉公湖園兼之按午橋莊綠野堂俱在東都湖園則在聞喜

犖石縣南九十里今名石門

石鼓縣南

釣魚臺縣南七十里速兒門河其石方丈孤峙水中前後五里內無魚

紅鶴樓水西門外涑水西岸

洄瀾塔 水西門外涑水東岸與紅鶴樓相對邑人翟鳳翥倡修

桐園 城南涑水上布政翟鳳翥園

平陸縣

鐵牛蹟 縣東一里許黃河中俗傳禹鑄以鎮水患歲久沈水中

傅巖 縣東二十五里即說代胥靡版築之處今名聖人澗有祠

閒田 縣西五十里即虞芮二君相讓之地俗呼讓畔城又名與讓里至今其田民無耕者

古焦國 縣東北五里許武王克商封神農之後于焦故名今有神農廟

虞城 縣東北六十里即虞公故城水經註曰軨橋之東北有虞原上有虞城堯妻舜以嬪于虞者也周武王封虞仲於此是爲虞公太原地記所謂北虞也城東有山世謂之五家冢冢有虞公廟

巔軨按穆天子傳周穆王乘八駿徧歷天下道經此坂車爲上下巔軨之名自此始水經注曰傳巖東北十餘里卽巔軨坂也左傳所謂入自巔軨者也

金雞堡縣南二里店頭鎮之西有古城遺址延袤七里許城內西北隅積石如丘俗傳爲十二連城葢春秋時岩城爲是岩城卽上陽左傳八月晉師圍上陽以火攻城克之遂滅虢城在崇岡之上丹壁屹立蒼崖峻聳南臨大河北望中條而太華函谷怳惚見之

上陽城在金雞堡西上陽虞之塞邑也

鹽坂縣東七十里卽虞坂見安邑

將軍洑縣東北六十里晉師假道宮之奇數諫不聽以其族行避此石壁千仞巖下有一石洞至今遺像存焉洞內轟然有聲俗名鑼鼓洞

共池　縣西四十五里與開田相距僅百武晉師滅虞虞公從西山奔共池今上下洪池卽其地

老君爐　在底柱側黄河中世傳老聃煉丹於此險不可升上流有列石蓋聃於此渡河云

將軍城　縣北三十里有周倉廟遺址

埜馬圪塔　縣東四十里世傳漢馬超牧馬於此

石門　縣西北四十里中條山嶺勢夌虚地形險阻今王家井西北十里許有黄嶺石門卽其地

錫窟　縣東九十里箕山下

説法臺　縣治西北相距十里竹林寺西山之上唐睿宗時僧智興趙州人修行終南山後聽師命渡河北棲於中條大通嶺結廬臺上聚徒説法聲震長安召之不去使人截其舌火焚舌化爲金其聲愈厲賜號金舌長老

大河漕運　漢初張良以河渭漕輓爲便其後番係言漕更砥柱之險敗亡甚多而砥柱之東可無復漕成帝綏和二年求能浚川疏河者待詔賈讓奏折砥柱隋開皇二年沿河置倉運米以給長安陝州置常平倉華州置廣運倉遣倉部侍郎韋瓚向蒲陝募人能于洛陽運米四十石經砥柱之險達於常平倉者免其征戍十五年夏六月鑿砥柱唐亦轉運東南而河有三門砥柱之險貞觀十二年帝發洛陽觀砥柱祠禹廟顯慶元年苑西監褚朗議鑿三門山爲梁可通陸運發卒三千鑿之不成其後楊務廉又鑿爲棧以輓漕舟開元十八年宣州刺史石耀卿上漕事便宜曰漢隋漕路瀕河倉廩遺跡可尋可使江南之舟不入黃河黃河之舟不入洛口而河陽栢崖節級轉運水通則舟行水淺則寄於倉以待則舟無停留而物不耗矣此甚利也二十二年耀卿爲京兆尹請罷陸運而置倉河口在鄭州使江南漕舟至河口者輸於倉而官爲僱役分入河洛置倉三門東西漕舟轉其東倉而陸運以輸西倉復以舟漕以避三門之險明皇然之至是以耀卿爲江淮河南轉

運使置河口輸塲塲東置河陰倉西置栢崖倉三門東置七津倉西置鹽倉鑿渠十八里以陸運自江淮漕者皆輸河陰倉自河陰而至太原倉倉在陝州西六里謂之北運自太原倉浮渭以實關中明皇大悅天寶元年穿三門運渠

開元新河　三門北一小河俗名公主河唐陝郡太守李齊物鑿砥柱爲門以通漕開其山巔爲挽路燒石沃醯而鑿之然棄石入河水益湍怒舟不能入新門候其水長以人輓舟而上

米堆山　在三門東唐德宗時歲運經砥柱多覆河中有山號米堆運舟入三門僱平陸人執標指麾一舟百日乃能上

集津　唐貞元二年李泌開運道成泌爲陝虢轉運使自集津至三門鑿山開道十八里以避砥柱之險亦名七津

芮城縣

釣魚臺縣東二十里東呂村南坡下濱黄河岸水中有砂石高三尺許上平下狹夏月河漲諸阜俱没此石獨露

芮伯城縣西二十里鄭村即古芮國水經注曰晋武公七年芮伯萬之母芮姜逐萬萬出奔魏八年周師號師圖魏取芮伯萬而東之斯城亦或伯萬之故也

魏侯城縣北五里即古魏國晋獻公滅之以封大夫畢萬於此至曾孫絳徙安邑漢於此置河北縣屬河東郡俗呼河北城

梨園縣北二里餘魏城南梨花村相傳爲魏侯遊樂之所

萬歲堡縣西北八里上郭村周顯王時芮民以其地西接於秦懼其強暴築此堡以防緩急以萬歲名

者作事欲永久也有址徵存舊建萬歲神廟元至元間修

段干木廬 縣西北二十七里山麓今叚村

項羽城 縣東四十里沙窩村亦名覇王城

魏豹城 縣東二十五里牛高村

馬武寨 縣東北二十五里遺址存

潛龍宅 縣西二十五里李呌村唐高祖常隱於此後成帝業卽其地築臺建壇縣令高亙譽立石刻唐

高祖神堯皇帝寓居字

太尉堡 縣東南十五里瀕河本名鳳州春秋時秦攻芮芮民築此堡以爲避兵之所唐武德二年夏縣呂崇茂稱魏王應劉武周詔以永安王孝基討之行軍總管劉世讓屯兵于此人呼世讓爲太尉故名

友于堂縣南三十里從政里晉大安中縣民李亨兄弟所建

待濟亭縣東三十里洹津渡北岸宋政和元年縣令邵伯温建

凉軒縣治宋嘉祐間建河南李實作記李鵬詩盛夏暑已極此軒凉復生天除前吏酷地借長官清種竹風千樹猷棊月一枰方知北窓傲不獨是淵明

絳州

臨汾故城州城東北二里獻公九年夏士蔿城絳即此漢爲臨汾縣遺址微存

靈公臺州城西北三十里長秋鎮左傳靈公不君從臺上彈人觀其辟丸即此

壇上在澮河南俗傳祭齊姜處

荀城城西十五里水經注曰古水西南逕魏正平郡又西逕荀城東古荀國也汲郡古文晉武公滅荀以

賜大夫原氏也又汾水西南逕長修縣故城南漢高帝十一年以爲侯國封杜恬地有修水出縣南而西南入汾今未詳其處

王澤 括地志云在今正平縣西七里史記原過至於王澤見三人與竹二節即此見山川

羊舌氏故里 在西關內羊舌子之妻叔向叔魚之母也羊舌子好直不容於晉去而之三室之邑邑人攘羊而遺之羊舌子不受姬曰不如受而埋之羊舌子曰何不飼肸與鮒姬曰不可南方有鳥曰吉乾食其子不擇肉子多不義今肸與鮒童子也隨大人而化不可食以不義之肉乃盛以甕埋壚陰後攘羊事敗吏至發而視之舌尚存吏曰君子哉羊舌子不與攘羊矣里人陶處泉有碑記

趙衰子故里 城北三十里蕉村里

韓獻子故里 城內省元坊

哺饑坂城北五里即趙盾哺桑間餓夫處舊有靈輒祠明永樂間修

栢壁城州城西南二十里後魏元明置栢壁鎮至太武廢鎮置東雍州北齊斛律光屯兵于此

長秋鎮一城之地未能損益然兩國爭之勞師數載彼即泉掌北齊圖周宜陽韋孝寛謂將帥曰宜陽多君子寧乏謀猷若棄崤東來圖汾地我之疆界必見侵擾今宜於長秋速築城以杜賊志是歲齊人果解宜陽之圍經畧汾北遂築城守之

清濂洞文中子讀書處

秦王堡在栢壁鎮劉武周將宋金剛進逼絳復陷龍門關中大震唐主曰賊勢如此難與爭鋒宜棄大河以東謹守關西而已秦王請曰太原王業所基國之根本河東殷實京邑所資願假臣精兵三萬必平武周克復汾晉於是發關中兵以益秦王秦王引兵自龍門渡河屯栢壁與金剛相持金剛屢敗食盡北走秦王追

及大破之

將臺 在横橋灘薛仁貴拔軍於此立將臺

碧落碑 在州治 明仁孝皇后勸善書曰絳州碧落觀有天尊石像高丈餘於龍朔中剌史李諶爲母氏大妃追薦所造也上有文未刻字前有二道士來爲使君篆刻其文云我二人天下名篆也約毀內四面封閉不得人窺只我二人在中候三日卽畢使君從之二道士挈一布囊入自闔其門至三日開之只見白鴿一雙自門飛出及覘篆文已畢餘一及字但有一畫不成而去使君神之 王世貞云絳州碧落碑篆書在石像背州將以不便摹搨別刻置廟中今本乃別石耳李旋之輩以爲陳惟正李譔李璿書不可辨按洛中紀異錄稱剌史李諶爲母房太妃追薦造像成忽二道士來云君刻石須篆書乎我天下能篆者李巽之聽所爲則扃户三日乃開化二白鴿飛去篆文宛然像背矣此涉誕妄不可信然李陽氷覽之七日而不忍去晋之則二年

而不得其玅如此豈惟正譌瓘小子所辨乎字書雜出頡籀鐘鼎欵識以故與斯體小異卽識之以俟知者

吳道子石刻　在州治內鐫南極老人圖唐吳道子筆

絳守居園池　在州治北引鼓堆泉爲大池中建洄漣亭旁植竹木花柳唐刺史樊宗師刻石記之宋通判孫冲重刻記於石乃爲之序元至治間知州劉明安重搆亭明宣德七年知州韓轍又重建

嵩巫亭　在州治北居園池內宋富鄭公建

集王羲之書宋李垂夫子廟記

絳帖　宋尚書郎潘師旦以淳化帖增入別帖摹刻于家爲二十卷又名潘駙馬帖　國朝傅山跋晉藩寶賢堂帖云故老或傳以爲載取絳帖之石而肙之以寶賢之名往聞諸府中老尉言取庫中分藩時所得絳帖鈎之上石按絳帖始於潘師旦或謂爲潘駙馬帖盖潘氏世居絳郡故也單炳文考論最爲精審曹士冕甚服

其博其所謂東庫本下注謂潘所居石分而爲二其後
絳州公庫得其半於是補刻餘帖是名東庫本由此言
之石在宋代已分爲二晉藩又焉得戴而取之

鐘樓千部二寺畫壁　元人朱好古筆

雲陽先生養龍池　道甲開山圖云絳北有陽石山神龍
池黄帝時遣雲陽先生養龍于此歷
代帝王養龍之處國有旱卽祀池請雨

赤龍潭　在城內大街北俗名泉兒坡

崔關　在城西

武平關　在城西三十里北齊屯兵以防周急

稷山縣

稷王城縣西三十里故址微存

廉城縣東北十里趙將廉頗守戍地今名廉城村

高梁城縣東三十里後魏孝文置郡於此

高歡城縣西五里東魏高歡築與韋孝寬對敵處

華谷城縣西北十二里齊右丞相斛律光攻後周勲州時所築今名華谷村

玉壁城縣西南十二里西魏王思政刺史并州時築守政遷荆州舉晉州刺史韋孝寬代守歡又悉衆圍攻孝寬隨機拒之凡五十餘日歡因發疾士卒死者七萬人東魏高歡圍攻遇大雪士卒多死乃解去後思共爲一塜遂解圍而去後周嘉孝寬立勲其地名爲勲州故遺址尚存

義橋絳州人孝子三十喪父母五十猶衰麻常成橋于稷山縣南汾水上鄉黨義之因名崔祐甫有記

絳縣

車廂城　縣南十里春秋時晉侯城聚邑而處群公子之所

范村寨　縣東十里晉獻公封狐偃爲羊舌大夫避兵于此

郇王寨　縣東二十五里郇王村東

絳侯封邑　縣西二十里漢周勃封邑又曰周勃城

白雲洞　縣東太行山洞深二丈餘出石鐘乳洞中有吼聲三日內郎雨洞外就崖磨碑刻佛經一卷未注晉天符五年白雲子書按晉無天符年號疑天福所誤也

垣曲縣

舜井　縣北四十里有舜廟有井亭每年八月十七日有司致祭

亳城　縣西北十五里相傳湯自克夏歸于亳卽此後周置縣隨廢元至和元年立碣刻殷商烈祖成湯聖王居亳故都十二字韻府云絳州垣曲縣西有亳原湯於此誓衆周圖一百步至今民不敢耕

葛城　縣南五里距亳十五里湯征自葛始卽其地也俗名葛伯寨

牧馬坪　縣西十五里世傳成湯牧馬處

童子坪　縣西五里世傳童子饋餉處

古邵城　卽縣舊城召公食采之邑故名

皐落城　縣西五十里文獻通考云垣有古皐落城爲周召分陜之地春秋左傳閔公二年晉侯使太子申生伐東山皐落氏卽其地水經注日服虔云赤翟之都也世謂之倚亳城蓋讀聲近傳因失實也

陽壺城　縣南里許臨大河左傳襄公元年晉圍宋彭城以五大夫在彭城者歸置諸瓠丘杜預注云瓠

丘晉地垣曲東南有壺丘水經注云清水東南經陽壺城東即垣曲縣壺亭按陽壺村今在黄河南岸屬澠池縣界

清廉城　縣西五十二里清廉里後魏割聞喜夏縣東清廉山北置縣曰清廉水經注曰清水又東逕清廉城南

古棠木　文獻通考垣曲東北六十里有古棠木西魏于此置郡以備東魏

梁王城　縣北六十里深山大澤中世傳梁王避兵于此遺址尚存

迎駕寨　縣西四十里世傳宋天子親勦大寇屯兵此寨故名

六郎寨　縣西七十里宋將楊延昭在此屯兵故名其寨孤峯獨峻四面巉巖上有繫鑼鐵環並矢鏃等跡

垣曲監文獻通考熙寧八年建垣曲監歲鑄錢二十六萬貫今縣治北進賢坊即其地

仙人洞縣西南十五里昔有入此洞者見石柱刻宋靖康元年避金亂再行數十步水聲潺潺人不敢近

上畝原縣東北三十里通鑑紹興十年秋七月岳飛使梁興渡河會太行忠義兩河豪傑大敗金人于垣曲即此地

霍州

彘城州西三里水經注曰汾水又南過永安縣西故彘縣也周厲王流於彘即此城王莽更名黃唐城漢順帝陽嘉三年改曰永安縣霍伯之都也

夏王城存州東四十里東城村夏王赫連勃勃城基址微

呂州城汾河西後魏置永安郡隋改名呂州

千里徑州東三十里即霍山神指引唐兵取霍邑之徑

先鋒臺城東北唐高祖起義兵時授太宗以先鋒或此時所築也

避暑宮州南五十里霍山上夏王赫連勃勃避暑處其墓在焉

吉州

耿城在州南或日殷祖乙遷耿即此隋置耿州故以名城

姚萇城州南五十里後秦姚萇所築西臨黃河爲周齊交爭之地北齊武平初斛律明月破周兵於此

仵城廢縣州北六十五里後魏於此置仵城郡及縣隋廢郡以縣屬汾州唐屬慈州

文城廢縣州北六十里今城隍廟尚存

孝子原　州西一里卽孝子馮公遺址

石佛崖　寬靜河上有心經觀音經五代唐永貞年刻

牛心寨　州西六十里西臨黃河乃楊貞所築遺址尚存

石洞　州北一百二十里內容百人中有泉昔人避兵居之

豐國鐵冶　州東一百五十里洪武初設後革

鄉寧縣

屈家溝　縣北四十里卽古所稱產良馬處

龐統峪　縣南八十里三國時龐統居此地因名

倚梯城　縣西南八十里東北據高嶺西南瞰黃河絕壁百餘丈後魏文帝西巡至此俗稱萬歲堡

呂香廢縣　縣東南八十里後魏置平昌縣唐貞觀初更名呂香

泊城　縣西三里卽古鄉寧縣因附河患水廢址不存

長寧廢縣　縣西四十里今改名西寧村金城嶺是

讀書洞　縣南八十里隋王通讀書處通非邑人而祀入鄉賢以此

鄂侯城　縣南里許卽鄂侯故壘

龍尾磧　縣西北一百里舊有廵檢司今廢

富貴鐵冶　縣東五十里洪武初設後革

隰州

穀城　州東北四十里九域志神農嘗五穀於此合桑村別有常五穀故址

蒲子隱處州東北五十里還朱村蒲子山世俗堯師蒲衣子隱處故漢取以名縣

靳袪垣州東北五十里蒲子城晋寺人披追公子重耳重耳踰垣而避披斬其衣袪卽此地也

龍泉城州北二里後周置龍泉郡隋廢

橫城州南三十里隋漢王楊諒作逆遣其將吳子通屯兵於此築城橫斷隰州後人因名

高唐廢縣州北二百里舊温泉縣東南十五里唐武德間置北温州及高唐縣貞觀初州廢縣省

常安廢縣州北三十里唐武德中置貞觀初省入蒲縣

温泉廢縣州北二百里其地有温泉唐置縣因名焉後廢遺址尚存

隰川故縣州治西

大觀樓在城之中明萬曆四十五年知州儲至俊建

大寧縣

浮圖緯此在北寨之巔北齊河清四年築脩人移縣治於此

二龍窩縣南二里半崖間有洞洞口龍跡宛然岸下石如斗印一爪人偶值見之故覔則不得也相傳唐大曆間有黃龍破崖去又云黃龍曾養子於此

響石縣東北二里許麻東溝路旁有石如輪行人過此聞聞鏗然聲

禪峯洞在孔山之麓相傳趙太祖避兵其中旋有蜘蛛布綱洞口以蔽之兵至不見而去後勅建禪峯寺

南北寨南寨在縣南一里許北寨在縣北山上元右丞時權守南寨院使李子厚守北寨

雙山石在小石山後俗傳二郎挑山追日息肩於此今兩石對立間有杖尖痕在焉

永和縣

狐讘城縣西三十五里漢置唐徙于仙芝谷城遂廢

石羊城縣西南五十里魏太武築置石羊軍孝文移于狐讘城遂廢

樓山廢縣縣南十五里後周置歸化縣隋改曰樓山貞觀初年廢

吳王城縣西北十里有塚高三十丈其頂有穴極深風吼於中其城遺址尚存

瑞蓮亭在靈液池上名曰芝艤康熙四十六年知縣王士儀補建

平陽府志卷之三十二

陵墓

過墓生悲人情乎然而藏者異則人心變矣舜卒條岡奚必遠指蒼梧湯祀實鼎何妨兼存桐宫凡爲人所爭得必其德有餘馨衣冠葬疑均遺思也若夫奸雄腐骨千載仍臭一抔僅存指唾猶昔曾不得與庸碌者同湮没焉由此觀之人之不朽豈在高壟豐碑也哉上遡嬀軒下迄元明信疑並傳法戒繫之矣作陵墓志

臨汾縣

古陶唐氏陵　府城東七十里郭行里俗謂之神林又謂之神臨陵高一百五十尺廣二百餘步旁皆山石惟此地爲平土深丈餘有金泰和二年碑記相傳唐太宗征遼會駐蹕于此因謁堯陵遂塑已像明嘉靖間知縣趙統撤太宗像毎祭以丹朱並堯諸臣配饗祭在仲秋上旬常考舜以廵狩于湘陵在九疑禹會諸侯于塗山陵在會稽惟堯廵狩不見經傳此陵爲堯陵無疑也然明初訪歴代帝王陵墓山東東平州以堯陵聞至今載之祀典而在臨汾者反遺之何也豈昔之搜訪未至耶抑詔下之日而臨汾尚屬元也

丹朱墓　城西北二十里王曲村有前後二冢上有舊祠明洪武二年重建

晉賈充墓　府城東南二十里朱買里晉尚書襄陵人

趙劉聰墓　府城西北十里相傳爲聰墓冢前有碑碑額云漢故持節侍中太宰司徒公右部魏成獻王之碑記恐非

魏朱楷墓府城東二十里朱村

唐無傒侯墓府城東二十里

元平章王泰亨墓府城南五里　許謙墓府城東十里九州堡地四畝餘不徵糧

明晉王濟熺墓府城西北三十里　晉定王墓府城西北三十里　交城榮順王墓府城東二十五里　西河靖恭王墓府城東二十里　玏教強昌墓府城東南十里　尚書張潤墓府城西十里

襄陵縣

唐虞許由墓縣東南三十里箕山北巢許祠後其洗耳處名清澗

周晉襄公陵縣南一十五里東柴村南原

漢留侯張良墓縣東四十里龜山之麓先掘地得石誌漢留侯張良墓按一統志徐州留城內有良墓咸陽縣東北亦有良墓

三國許褚墓縣西南十八里許留村　夏侯敦墓縣東南三十里下梁村

晉僕射鄧攸墓縣北

北齊斛律光祖塋縣東二十里斛家村大塜數座相傳北齊斛律氏塋

宋中丞許翰墓在許留村

元提舉張著墓縣東四十里張相村學士王惲撰碑　潞公張翥祖墓縣西南二十五里故關鎮元翰林學士承旨張翥祖塋也有古栢四十餘株　平章牛光祖墓縣南十二里東柴村南原上有梁元帥墓縣東十二里進士張思溫撰碑　助教盧希古趙子昂書碑

墓（縣南三十里義村有碑李孟撰文趙子昂書）轉運吳著墓（縣西八里）

明高平懷閔王墓（縣東三十里扈村）翰林崔矩墓（縣西十里）知州柴良墓（縣西柴村）侍郎邢讓墓（縣南三十五里大學士岳正撰碑）忠節高邦佐墓在東柴村

洪洞縣

唐虞士師皐陶墓（縣南十三里皐陶村墓前有祠）

周樂師師曠墓（縣南二十里有祠）

漢中尉郅都墓（縣東南二十里）

趙劉淵墓（縣東南八里秦壁村）

唐真人孫思邈墓縣南二十里保長村

宋大元帥南裕墓縣南二里有碑記

金侍郎楊政墓縣東二里

元李留守墓縣東一里千戶楊德明墓縣南三十里太原郡侯郭墓縣東三里洪洞子石元亨墓城東二里學士揭傒斯碑隱士雲谷張守大墓縣東二里有碑隱士林巖張容墓縣東二里

明寺丞宋載墓縣南三里提學宋拯墓縣南三里尚書諡忠定韓文墓縣東十里勅建大學士費宏志銘知府衛英墓縣東十五里有韓邦靖碑記都御史劉廷臣墓縣東八里太僕卿韓廷偉墓縣北五里

皇清敕建通政使劉令譽墓　縣東九里辛堡村

敕建通政使晉淑軾墓　縣東北五里永寧村

浮山縣

古堯陵　縣西北三十五里楊村陵前有碑記見臨汾每年春秋二祭於臨汾分祭

漢博陸侯霍光墓　縣北十五里夾榆村有祠在府西門外唐天寶間建

五代晉桑維翰墓　縣東北六十里維翰邑人

宋學士邢昺墓　縣東三里小邢村昺邑人

明布政陳孜墓　縣北十五里王村鎮

趙城縣

上古媧皇陵縣東八里有二冢各高二丈周圍四十八丈松栢欝茂前有祠宋開寶中建元初修

殷蜚廉墓皇甫謐云去彘縣十五里有蜚廉冢水經註曰飛廉以善走事紂惡來以多力見知周王伐紂殺惡來時飛廉爲紂使北方還無所報乃壇於霍太山而致命焉得石棺銘曰帝命處父不與殷亂賜汝石棺以葬死遂以葬於霍太山

趙簡子墓縣東冢高一丈一尺周圍三十五步有碑記

藺相如祖塋許村里有石器碑記存

漢樊噲墓在樊村里冢高一丈五尺周圍四十步有碑記

紀信墓縣東南二十里有碑記

郅惲墓石明里

十六國夏王赫連勃勃墓縣東北四十里霍太山上其地多奇卉

金忠獻公田忠良墓縣東十五里有碑記

狀元王綱墓縣北簡子廟前有石器碑

記

元文靖公徐毅墓在石明里有石器許文正公作神道碑

太平縣

古軒轅陵縣東三十里上魯村東汾河內有石棺以伯益鐵東之隱見不時世傳以爲軒轅棺云

墓縣東四十里李社村崇禎間知縣魏公韓修葺康熙四十七年知府劉棨行縣重修詳見祠祀

周趙宣子墓縣南十里汾陽村程嬰墓縣西七里韓厥墓村厥店公孫杵

臼墓縣西北十里三公村將軍李牧墓縣西五里孝子村卽李榮盧墓處

漢絳侯周勃墓縣東北七里郭店村

隋文中子墓縣東南三十里萬王村

唐鄭王李繼恩墓縣東八里南李村　甯府君墓縣北二十里名無考

元尚書李愈墓縣西南七里　元帥毛貴墓縣東二十里

明御史馬鸞墓縣南五里　侍郎王體復墓縣南五里勅建大少學士方從哲志銘

鄉楊天民墓縣東十五里都御史程紹志銘　副使張鏻化墓在中黄村　封布政王應時墓縣西南七里

岳陽縣

周晉大夫郤缺墓在縣東七十里　趙上卿藺相如墓縣北八十里墓前有河名藺河其祖塋在趙城許村里

元宋國公墓城北二里姓氏無考

曲沃縣

周齊姜墓縣西北闕晉獻公夫人申生母塚高二丈周圍三十六步　申生墓西門內祠後晉惠公改葬共太子卽此　荀息墓荀王村後裔至今存焉　里克墓縣南五里南吉村　介林墓縣南三里之推子　白起墓縣東北白塚村

漢周勃墓縣東南周家庄　靳強墓縣北方城里

隋文中子墓縣西北文村汾河東廣百畝太平亦有墓未知孰是

唐許孝恭墓縣西北二十里太子中書孟楷誌銘　程咬金墓縣西三十里程王村

宋史緒墓縣東八里學士王居正誌銘　甯智墓縣東南八里望絳村學士王巖叟誌銘

元大元帥靳和墓縣東北曲村里　李謙亨墓縣南二里李朮魯翀有記　劉尚質

墓縣東張亭里　廉訪使靳用墓在北曲村　孝子靳昺墓北曲村揭傒斯撰碑

明尚書諡莊簡李浩墓南莊敕建大學士夏言表　尚書李尚思墓縣東二里

敕建知縣許永禧墓縣西北五里　知縣上官蓋墓在縣西北十里

皇清敕建大學士諡文清衛周祚墓縣西北五里　侍郎衛周胤墓縣西北五里　都御史賈漢復墓縣東北七里　副使伉昌祚墓縣東北一里　烈婦劉小件墓楊柳村西

翼城縣

古唐侯丹朱墓縣西北史村高一丈圍一百六十步俗呼爲金井

周叔虞墓縣西北孝義村北共冢三各高一丈周圍二十步　晉厲公墓縣東南故城高一丈

六尺周圍五十步左傳成公十七年晉厲公欲去群大夫而立其左右既殺三郤公遊匠驪氏欒書中行偃執公明年正月庚申壬子使程滑弑公以車一乘葬于翼東門之外即此地

鄭太子墓縣西雲唐村有盧照鄰碑記

小子侯墓縣東浮圖村北塚高三丈周百步俗呼小王墳

將軍闔没墓縣西北古署村北山上塚高三丈周圍八十步

唐司空楊琮墓縣東楊家村北草嶺上其後世孫宋元帥璘司空明金大將軍發縣尹時元元帥銓縣尹宜皆附葬于此有石人馬並碑

元屈繼平墓縣西古澗西博士侯均有銘

吉侍郎墓縣北史村侍郎楊失其名

守則墓縣北門外

達魯花赤脱脱墓縣西南常柵村北東嶽廟後有石人馬

總管郝温墓縣西陵下村後

明郎中高翀墓縣上高村南 孝子劉元真墓縣西下平村西北崗上 通政

王錫墓縣東辛庄東坡上 布政使王泰墓縣仵紋村北 叅議劉志墓

在浮圖村西 郎中楊汝江墓縣北神廟後 編修續旻墓合雲村西北 副

使燕奸爵墓縣南衛村北 知府錢士聰墓縣西門外

國朝何二將軍墓在澮水東將軍廟後卽當時遇害處也槐歸泰中邑人因其戰血壘爲丘焉

汾西縣

元左丞傅巖起墓縣西一里 尚書吉祥墓縣東一里有趙子昂碑記 龍岡真

人墓縣西一里許

明按察使仇益墓縣南四十里 員外范均墓縣南五十里學士范琮墓附 子提

學周鑑墓縣西四十里　僉憲侯銘墓在城一里許　忠烈閻生斗墓城東一里勅賜地價營塋有碑

靈石縣

周介之推墓縣東張嵩村神林

漢韓信墓縣南高壁鎮俗呼韓信嶺墓前有祠多名人題咏

宋名臣師範墓縣東尹方村

金尚書馬瓊墓縣西文學里馬庄

元元帥温舜墓文學里温家溝　進士喬世綱墓縣東尹方村

蒲縣

古卜太后墓縣城北無考　胡丞相墓縣東南湖家庄無考

元太守張亨墓縣西北十里有墓碑

蒲州

古風后墓州南六十里號風嶺渡風后黃帝時臣相傳解州人今解州東南十里有廟督學王三才有碑

虞娥皇女英墓州南十五里倉陵谷

殷伯夷叔齊墓州南五十里首陽山二塚對峙古栢森森東負崇山西面大河前爲祠堂設像以祀今名二賢祠舊有唐梁昇宋黃庭堅碑及司馬光元楊奐詩

漢桓榮墓在首陽山漢明帝時榮爲五更賜爵關內侯及卒賜葬于此

宋將軍李興墓州北陶邑鄉仙觀里有王安石碑記

金田世英墓州東北十五里　元帥段大亨墓州南一百五十里上方村有王沂碑記
孝子龎鏊墓州南六十里有勑賜孝行碑記　進士虞卿尹墓有趙資公碑記
元中丞何約墓州東北二十里有歐陽鉉碑　參政裴居敬墓州東北十五里有祭
酒蕭䡾碑記　翰林智禮華墓青渠原東下村
明山陰康惠王墓州東北二十里學文村　襄垣恭簡王墓州東十里　尚書
楊守禮墓州澗南勑建有碑銘　尚書諡襄毅楊博墓州南玉庄里大學士許國
誌銘　尚書諡襄毅王崇古墓州東裴帽原大學士申時行碑記　大學士諡
文毅張四維墓州南風陵鄉　尚書楊俊民墓在陳村勑建　督同楊
俊卿墓侯家庄勑建　侍郎張廣墓盤底村勑建　尚書孟時芳墓陳村

勑都御史王之采墓勑建三家店　大學士韓爌墓在盤底村建

臨晉縣

周扁鵲墓縣東南七十里有廟存焉

漢司農鄭玄墓穴縣北三十里其塚至今荊棘不生狐狸不

晉司空張平子墓十里縣北二　司空王卓墓縣東南二十里

隋尚書薛道實墓縣北四十里平宜村北隋禮部侍郎贈尚書臨汾公薛道實碑有八分字可識

舊志云名　陳黄門墓縣北十五里小巖山前碑已剝落惟石羊虎存名未詳天輔誤

唐裴尚書墓縣西北十里有巨碑虞世南文歐陽詢書採取不息土人瘞之　柳宗元墓縣南七十里有碑存　侍郎司空圖墓縣南王官谷　樊太守墓縣西十里齊王村高塚纍

纍不復可辨蒲州志云樊演唐人河東太守封霍榮祖北僻侯或是演之墓舊志樊噲之後名亢恐誤

薛長府墓 在平宜村

墓 縣東北二十五里霍村殘碑云諱揚字榮祖大司馬大將軍光之七世孫北古碑云名寶積道寶之孫楊州長府按薛氏其先蜀人曹魏平蜀徙家汾陰遂爲河東臨晉人世號蜀薛其房有北祖南祖西祖當元魏隋唐間言氏族者署爲關內甲姓當時田盧里居皆在平宜前後左右世遠人亡靡有孑遺惟纍纍墳墓出沒於荒煙蔓草之間耳

宋孝子孫光溥墓 縣南七十里世傳與妻懿娘楊氏同冢楊氏業之後

金狀元張繼祖墓 縣南三十里

侍郎麻秉彝墓 縣南六十里虞鄉鎮孫貽溪先生墓

附 申孝子墓 縣北丁家庄號忠孝將軍

元大將軍謝公墓 縣北二十五里有碑記

樊孝子墓 縣東南董村孫里旁有碑記

真人墓縣南六十里南郭村墓碑云名大方號履道宋刺史繼鄴之十世孫勅號泰定虛白文逸真人

明御史郭祥墓縣東五里　知縣衛鈞墓縣南五里　僉事王光宇墓城西三里

巡撫荆州土墓縣南二里

榮河縣

商湯王陵縣北四十里百祥村西元癸未歲淪于汾河以石柩遷葬馬圯初建寢殿于陵之東歲時致祭正德元年少卿喬宇奏改致祭于祠康熙十五年二十七年三十五年三十六年四十二年遣官祭告

伊尹墓仲虺墓世傳俱在湯王祠前因塑尹虺二像于祠以配享

周張儀墓城東四十里

元元帥吳信墓縣東北四十里薛村庄有碑歲久字毀　元帥韓通墓縣北十里

明參議周有光墓城北二十里

猗氏縣

周八士墓縣北南景村明隆慶初崖崩石出僅辨八士數字　百里奚墓縣西百里店　猗頓墓縣南王寮村

漢陳平墓縣西北十五里　翟方進墓縣西翟村順治十六年大水後碑始出　鄧禹墓縣東上李村

唐馬燧墓縣北門內祠左　靳將軍墓縣內大清觀西北　張嘉貞張延賞張弘靖三相墓城外西南隅　羅誠墓縣北羅村　崔公弼墓縣西北李寺村

金陳克基墓縣西北陳翟村　南仲墓縣西南香落寺

元陳靖宣公墓在陳翟村　王庭祥墓在南田村

明都御史何東序墓陳范屯勅建　都御史荆州俊墓黄鬮村勅建

萬泉縣

周錢鏗墓在文村有碑剥落

漢槐里侯皇甫嵩墓在皇甫村　孝子董永墓在上孝村有碑剥落

唐韓國公薛平墓縣北薛村有碑記　薛尚書墓縣烏蘓村有碑云大唐故尚書汾陰縣公薛君墓餘字剥落

宋御史裴瑾墓縣北二里碑文剥落額云命官故右補闕裴公神道

明都御史袁泰墓在烏蘓村

河津縣

周子夏墓 縣西五里辛封村前有碑題云前代追封魏國卜子夏之塋

漢太史公墓 縣西十五里水經注曰司馬子長墓墓前有廟廟前有碑永嘉四年漢陽太守殷濟瞻仰遺文大其功德遂建石室立碑樹栢太史公自叙曰遷生于龍門是其墳壠所在矣今不識其處或云没于河或云在河西岸

隋王氏墓 在通化村東北相傳即仲淹墓

唐杜氏墓 縣南二十里有碑文剥落不可讀相傳如晦之裔　母氏墓 在母村南近壟爲學田凡一頃九十畝

金李復亨墓 縣北光淂村南

元姜真人墓 龍門山左麓

明薛文清公瑄墓 縣南平原村西南

解州

上古風后墓 州西南一百八十里芮城縣西趙村風陵渡已見蒲州

漢博陸侯霍光墓 州治東禮賢坊有大塚 關壯繆墓 州東十八里常平村

晉司空王卓墓 西門外路南隅 名儒衛大經墓 州西北

宋監簿婁應墓 州西南二里

元儀宣撫墓 州西北十六里 河東郡公墓 州北二十里曲范村郡公州人平章察罕墓 州北十五里仁宗相河東郡公子 岐裕齋墓 州西北四十里

安邑縣

虞舜陵縣西二十里鳴條岡孟子謂卒于鳴條卽此陵高三丈甃以甓方廣四十餘步內外共地百餘畝古栢皆大可十餘圍有守陵大雲寺

夏諫臣關龍逢墓縣東北二里許有雙冢有呂狀元碑記

周隱士段干木墓縣西北五十五里陶朱公墓在陶村西上段村有碑記

漢黄門蔡倫墓在張董村

魏太保衛瓘墓縣東北三十里王范村

晉太子洗馬衛玠墓在瓘墓西杜康墓縣中村里

明張芮墓運城西北勅建張峋墓運城西北尚書楊一魁墓城東都御五里

史曹于汴墓城西北五里　總督劉斂寬墓運城東五里

皇清侍郎呂崇烈墓運城西南二里勅建

夏縣

夏后氏墓縣北夏王村里夏一代陵寢在焉按一統志惟禹陵在會稽山禹廵狩崩而瘞焉太康陵在河南開封府太康縣西除二陵外自啓而下未著其處今高丘纍纍卽啓以下諸帝之陵也金大定五年建朝元觀于其側以爲香火之地

商巫咸墓　巫賢墓縣東五里瑆臺下知縣姜洪繚以周垣令人看守

唐僕射薛高墓縣西四十里尚書右僕射昭義節度使平陽郡王贈太保薛公之墓有神道碑乃禮部郎中程浩所撰按碑太保名高萬泉縣人忠勇有謀建大功于唐與其祖大將軍仁貴考太傅楚玉並葬于

此舊志作薛萬徹誤**刺史柳宗元墓**縣北三十里柳村斷碑剝落不全按昌黎撰子厚墓誌云歸葬萬年先人墓側今墓眞贋未詳**諫議大夫陽城墓**縣南十餘里柳谷西吳村嘉靖時猶有遺址近爲河水衝沒不可識其處矣

宋待制司馬池墓縣西三十里鳴條岡麗壯敏公撰神道碑云旦光泣護旅櫬歸于故鄉葬于涑水南原之晁村以從先塋**大中大夫司馬旦墓**在池之墓側其先祖禰及昆弟姪凡十七墓**司馬光先世遠祖墓**在光墓東南十里許歲久土平石羊虎並栢數株尚存司馬斯墓在其下半里許**司馬光墓**縣西三十里鳴條崗哲宗御篆忠清粹德碑額蘇軾撰文後章惇諫發公塚未果踣擊其碑瘞之惟御篆額尚在靖康間高宗南渡子孫舉室南遷居浙江之山陰故里無人奉祀惟有司致祭其孫司馬富撰墳記司馬柱撰忠清粹德碑樓記

元臺亨墓縣西北 歸暘墓在溫公墓餘慶禪院左二十餘步

明知府張謙墓近歸暘墓今失其處 侍郎藺芳墓縣西四十里上王里 教授王翰墓縣東滸村南子礪孫正舊在瑤臺山北二里許柏坡山下近歲子孫遷葬翰墓之次 徵君郭極墓縣東五里柏坡山下郭齡郭確暨郭瓚墓俱同塋域 叅政毛深墓縣東北二十餘里大羊里蓮花峯下 孝子馬彬墓縣南五里許辛庄村西 趙烈女墓縣西李庄村西北二里許巡撫御史洪公聲遠修築墓垣解元司馬晰撰記

聞喜縣

上古美嫄墓縣西北三十五里稷王山下氷池村俗傳稷棄于此今祠下有蛇虎澗又謂稷始播穀于此

周祁午墓 縣東五十里下呂村 喬莊村古墓 縣東三里喬莊村北有大冢似王侯陵相傳湯陵又云伊尹墓又上有二冢云女房女鳩墓俗呼二女墳俱無考或曰晉公卿墓舊志云邑境內大冢極多有爲居民侵没猶有跡者有高大如許而無從考者俱未詳不載

魏母丘儉墓 縣南五里丘村嶺上大冢纍纍相傳爲儉父子墓管輅傳云輅隨軍西行過墓下倚樹哀吟精神不樂人問故曰林木雖茂無形可久碑誄雖美無後可守元武藏頭蒼龍無足白虎啣尸朱雀悲哭四危以備法當滅族不過二載其應至矣以是觀之儉祖父墓也

晉唐以來裴氏墓 縣東去祖庄裴柏村十里曰鳳凰原北至紫金山南至涑水東至牛塢西至鷄鳴山中弇底永青趙村柳泉坡底居台莊愛里諸村在焉自曄以下大冢一百五十餘碑記六十座石人石虎四十餘對享亭在永青寺墳寺在愛里裴家寺內如裴度墓在管城今趙村有之裴寂唐書本傳在蒲州柔原

裴晃素在陰庄裴守真裴耀卿墓在稷山今本里亦有
之裴檜卿家在稷山墓在聞喜諸如此類多不可攷
天子陵　亦云天子墳在縣東南九十里紹莊臨山水環
拱相傳漢高祖墳疑元海或智遠之祖塋也
宋趙鼎墓　在埠底村按豊公卒吉陽後遷葬衢州常山石
門子孫在馬埠底故里或葬衣冠之所
元忽神公墓　在東鎮西門外峩眉山下有神道碑學士魯翀撰　木華黎墓　縣東五里喬庄
西
明都御史張守中墓　縣東二十五里峪里敕建　都御史翟繡裳墓　城西十五
里西韓村大學士韓爌誌銘尚書王象乾撰表
子貢士夢標知縣夢桂序班夢槐都司夢杰附　參政任
贊化墓　城北官庄村
平陸縣

陶唐許由墓縣東六十里箕山之側太史公曰余登箕山蓋有許田塚焉高九丈周八十一步二塚南北並列其一或巢父冢也古柏參天雅稱勝地

商相傳說墓縣東三十里馬跑泉之旁即說所居故里虞芮二君墓縣西五十里

周宮之奇塚縣東北四十里大冢纍纍旁有看墳寺當年里名辛宮里葢以奇塚在焉今寺廢塚尚存

唐節度使侯希逸墓縣西四十里東侯村村以侯名葢因姓名之也昔有碑大書唐年號其餘字剝落不可讀

元孝子靖輿僧墓縣治西四十里高平村

明知府張翰墓縣東一里州同崔吉墓縣北三十五里中條山麓通判劉瀚墓縣東十五里都御史劉翀墓縣東二十里尚書楊博撰表御史許倫表墓

芮城縣

周魏文侯墓縣東南八里　畢萬墓縣東北十三里　郤芮墓縣西三里　志女陵女

見列　卜子夏墓縣東十里俗呼老師墳　段干木墓縣東

漢陳十虎墳縣東北十里水門村以子姓多英傑故名舊志爲陳平墓蕃平八世孫康爲魏郡太守徙居此其子孫蕃衍至今未艾

王隱侯墓在坑裏村侯失其名初王莽遣蘇獻追光武至永昌社侯適耕田藏帝于溝中得免及即位詔拜以官侯已死乃贈隱侯勑葬起冢焉　馬武墓縣東二十五里

唐張騰墓縣西十里　張巡墓縣東十里南張村

金元帥段大亨墓在孫村屬蒲州

明都御史任養心墓縣南十里太安村　趙貞烈墓縣南十里志女陵後　尚書

諡莊毅王紀墓　縣東北五里南磑村勅建

絳州

周晉齊姜墓　州南四里申生母　驪姬墓　州南四里澮水北岸萬曆四十二年没于澮　靈

輾墓　州東北五里侯庄古道口

北齊斛律光墓　在城隍廟後州治東

唐盧尚書墓　在北社庄

宋簡肅公薛奎墓　州周村有小碑歐陽修撰

元御史韓亨甫先塋　城西四里有路碑　總管張仲儀墓　城北五里有碑　廉

訪李思敬墓　城北五里有碑　萬戶孔銘山墓　城西南十五里諭德肅龢有碑

明靈丘榮順王墓城西三十里許周村 僖靖王墓城西北三十里泉掌鎮 莊和王墓城西十五里 端懿王墓城西十五里 康悼王墓城西十五里 悼懿王墓在龍泉 懷僖王墓在龍泉 參議陶銓墓州東五里 尚書韓重墓城北三里敕建 尚書謚恭介陶琰墓城北三里敕建 侍郎孫光祐墓在磨頭村侍郎晋應槐誌銘

稷山縣

唐虞后稷陵縣東五十里稷山碑志云昔稷嘗躬稼于此後冢遂葬焉 羲和冢縣東北十五里東庄村前有廟二塚並立

周羊角哀墓 左伯桃墓俱在吳城村西

後周侯莫陳相墓在平隴村王君墓縣西北十里有螭首碑額云王君之墓俗呼碑兒墓

唐驍騎尉李君墓縣北邑厲蟹西明萬曆三十八年邑人取土于此得石誌右僕射裴耀卿墓在仁義村尚書許孟容記尚書令裴守真墓縣西八里渤海郡王高秀巖墓在廉村馬令問記

宋樞密使趙鎔墓尚書駕部員外郎知冀州事趙忠愿墓大理寺丞知耀州事趙振墓進士趙延墓俱在胡家庄寺前姚伯禄墓在南陽村有碑梁慎墓在西王村有碑梁樞密墓在梁村

解元帥墓俗呼解家墳在下栢村司理段應規墓學士虞集碑孫季良墓李愈表孫矩墓李愈表元孫開國侯鐸墓張萬公表八世孫提舉成巳墓學士王磐表九世孫高士思温墓費善同恕

志高士思義墓張傑志俱在平隴

金御史陳規墓在小寧段成已表

元府尹姚天福墓在路村李术魯翀表虞集書　金牌僉戶劉公墓在桐下村

掘土見其美門砌以琉璃有題額

明長史梁溥墓縣北五里尚書崔銑表子給事中裕墓在縣北五里諭德張四維表孫給事中孝子紀墓布政使王道行誌侍郎孫光裕表布政綱墓御史何東序誌舉人維墓都御史何東序誌王體復表俱附

絳縣

上古姜嫄墓縣南三十里

周晉獻公墓縣東槐泉村　晉文公墓公薨將殯曲沃出絳柩有聲如牛吼晉襄公二十三

年夏四月癸巳葬絳山東首

晉靈公墓　縣東席裡村

晉司空裴楷墓　縣西南有碑文剥落

宋尚書張觀墓　縣東北有碑文字毁滅

垣曲縣

虞瞽瞍冢　縣東北六十里

商湯妃墓　縣東南十里黄河岸黛眉山

隋牛丞相墓　縣北墱坂村

上柱國韓擒虎墓　縣東北十里

元編修王遵道墓　縣北謝村

李宰相墓　縣西柳庄

萬戶侯車海墓　縣北謝村

明都御史趙載墓在陳村勅修

霍州

周厲王陵州城內西南隅王居鎬京出奔彘崩而葬焉

隋宋老生墓州東三里宋張商英弔以詩明知州鮑克恭立祠

唐申公高士廉墓州東二十里庫拔村將軍燕巒墓州南寺庄村有碑

宋節度使高繼嵩墓州東二十五里高家庄

元忠義公邢飛翰墓州西白龍村隴西伯李榮祖墓州東靳壁村

明懷仁榮定王墓在趙城縣東南五十里師屯村安僖王墓州東賈孟村恭和王墓州東河壁村溫惠王墓州東河壁村

吉州

金尚書馮延登墓 州東北十里楊庄村 經署使楊貞墓 州西六十穆里麻庫掌

御史墓 在西山楊村 李元帥墓 在川庄村

明叅政陳浩墓 州西二里劉家原

鄉寧縣

周晉荀息墓 縣十五里栢山 將軍廉頗墓 縣東南二里夫山 白起墓 縣西南二

十里林山

元胡尚書墓 縣西四十里磚墓原

隰州

金曹將軍墓鎮國大將軍隰州勸農使子三長大年次大椿季大芳俱拜隰州勸農使墓在州之屬村有碑

元尚書韓昇墓州北五里東原山學士歐陽玄奉詔撰世德碑銘

永和縣

五代太尉劉訓墓縣東南三十里勅修有碑記

按一統志濟寧州閿鄉縣俱有女媧陵蘊州府有巫咸墓內鄉縣有丹朱墓六安州有臯陶冢登封縣有巢父冢邠州有姜嫄墓太原縣有叔虞墓偃師縣有夷齊墓温縣有趙盾墓忻州有程嬰公孫杵臼墓定陶有陶朱公墓湯陰縣有扁鵲墓開封府有叚干木墓張儀墓徐州咸陽縣俱有張良墓黄岡縣西安府俱有樊噲墓咸陽縣有周勃墓秦州有紀信墓咸陽縣有霍光墓汝陽縣有翟方進墓湘鄉縣濟源縣太

原縣俱有鄧禹墓鄧州有馬武墓含山縣有桓榮墓南陽縣有張衡墓如皐縣有董永墓當陽縣有關羽墓歸德府有張巡墓盱眙縣有柔維翰墓光山縣有司馬池墓廣寧左屯有木華黎墓以上諸墓今平陽府縣志又載之且聞喜絳縣俱有姜嫄墓河津芮城俱有子夏墓安邑芮城俱有段干木墓曲沃鄉寧俱有荀息墓太平曲沃俱有周勃墓浮山解州俱有霍光墓臨晉解州俱有王卓墓太平曲沃俱有王通墓臨晉夏縣俱有柳宗元墓並載舊志未知孰是姑兩存之以俟博考至諸葛亮墓在定軍山而滎河有之李靖魏徵陪葬昭陵而蒲州猗氏有之永固陵在大同而臨汾有之確係傳會茲不復載

平陽府志卷之三十三

寺觀

釋談寂滅妄幻塵世老尚清淨簡棄衆有瑶宫貝闕繆
厥宗矣開元以後浮圖老子之居多於學舍碑額皆出
勅賜營度特遣宰官宋制公卿罷閒提點宫觀儒者奮
袂而起乃欲火其書廬其居夫誰火之而誰廬之且昔
之患在二氏今之患在儒者離物事心儒而釋矣致虚
守靜儒而老矣二氏之徒僅治其粗號爲儒者反竊其
精梁公復出祠可毀教不可廢則何益哉歐公有言修

其本以勝之夫苟修其本以勝之梵刹僊丈適供遊賞雖與學舍並存可也作寺觀志

臨汾縣

大雲禪寺在安道坊唐貞觀中建俗名鐵佛寺內有大鐵佛頭上建浮圖推官張銓有詩天寧寺在明德坊唐末建有藏經閣僧綱司在焉靈泉寺在城西北十里宋太平興國中建普照寺在城東十五里宋元祐中建廣教寺在城東金天會中建俗名辛寺普濟寺三一在城北三十里金大定中建一在城南三十里一在城西南十里元至元中建清凉寺在城北六十里金明昌中建文殊寺在城西十里席房村元至元中建圓明寺在城西北十里元至元中建廣照寺在城東北四十五里元至元中建迴光寺在城西十五里元大德元年建俗名吟峪

寺明洪武間併顯應洪教小廻光三寺入焉永樂十七年修　乾明寺在城西南二十五里賈册村元大德中建　洪教寺在城西南三十里景村元大德中建俗名東景寺　白蓮寺在城西南十里伊村元至順間建　光孝寺在城西北二十里元至正中建　木塔寺在城東南二十里賈于村內有木塔元至正初建　奉慈寺在城西門南側舊名普安堂元至正三年建明萬曆三十九年勅改今名內有水陸畫一堂　慈雲寺在城東關相傳爲吳道子手筆　天龍寺在城西二十五里唐貞觀中建　顯應寺在城西北十里元朝建　龍巖寺在城東二十里大定間建　加泉寺在城西北十里加泉村　大佛寺在城東關外五里樊家庄萬曆二十年建　延壽寺在城東十五里元和年建　妙覺寺在城東南二十里大安年建　廣禪寺在城北二十里元建　毘盧寺在城西三十里坡庄鎮元建　碧巖寺在姑射山神居洞左　大梵寺在城南三十里河南

村大化年建　泗洲寺在城西二十里太和年建　上生寺在城西二十里小榆村元建　玉泉寺在城西南十五里灰泉村至正間建　羅漢寺在城西北三十里洪堡村至正年建　福勝寺一在城北四十里至正間建一在城東十五里正德五年建　通玄寺在城西十里正德二年建　寶峯寺在城東三十里正德二年建　廣勝寺在城東三十里正德三年建　法華寺在城東三十里景泰間建　衝天寺在城西北三十里李作村成化間建　敷化寺在城東北三十里柴李村弘治間建　西木塔寺在城西南三十里潭底村正德元年建　乾寧寺在城西十里樊村元至正間重修　后子寺在城東五里　永壽寺在城南五里與帝堯廟相接俗名口東茶房明萬曆間勅建　水陸社在城內西南隅安道坊崇禎乙亥建先是嘉靖時地之中央雨下不濡雪甚不積又中夜常見奇光西河郡王掘地以窮其怪于石函內得呉道子水陸畫一百二十軸今藏於普

菴堂　準提菴在東關南街　白衣菴在東門內　延生菴在府前　天慶觀在城大通坊原名玄妙觀唐顯慶中建金大定間重建明洪武間置道紀司　龍祥觀在城東南三十里宋大觀中建　清源觀在城北二十五里元至正中重建　冲虚觀在城西北二十里元至正中重建　會仙觀在城西北二里元平章王泰亨重建　光宅宫在城南帝堯廟東元至元六年羽士姜善信既建堯廟以其餘材建爲宫以居道衆世守廟宇　崇聖宫在城北二里內有通明閣元至元中淵靜大師楊道源建　紫極宫在城西門內　玉虚宫在城太平坊真武廟內　五嶽觀在東關北街　紫清觀在挂甲庄唐建　洞真觀在西十五里元統三年建　太清觀在城西十五里劉村至元六年建　棲霞觀在城東南十五里杜村　東嶽廟在城西南宣德年修萬曆間重修　三官廟在城明德坊又各州縣俱有各州縣俱有

襄陵縣

普救寺在縣東南火尖山之顛唐廣德二年賜額上建浮圖乃慈濟得道之處

聖壽寺在縣治西通信坊宋咸平三年建元至正七年賜額進士劉湛題扁

釋迦寺在縣南固關鎮宋崇寧五年建李谷有詩

靈光寺在縣東南北梁村金皇統中重建

普潤寺在縣東南安李村金大定七年建又福勝寺在梁城村大定七年建

超化寺在縣東南趙曲鎮元至順二年重修

慶壽寺在縣東南王村元至正九年重修

興樂寺在望薰門外街西舊爲化度院明天順二年賜今額成化九年毀於火十年重修學士劉定之撰記

大佛窑寺在北關村規模弘敞建自元初

慈氏院在縣東南南梁村有浮圖唐開元二年建宋太平興國二年賜額

香嚴院在縣南崔村元延祐五年建

棲霞觀在縣東南西梁里宋元祐四年建

紫極觀在屏霍門外宋崇寧三年以老君觀改建

又清陽觀明宣德八年修有李成詩姑觀在崇仁坊南坊萬聖觀在縣西齊村元至元初真人鄭希誠修煉之處世祖賜額又龍祥觀在浪泉村朝陽觀一名阜山道院在縣南故關鎮元至元四年建明宣德六年始建玉清觀在縣南北陳村元至順三年建元統元年賜額爲觀又龍翔觀亦在鎮金火神廟在縣故關鎮延祐七年建天真萬壽宫在縣東南金進士王元輔故宅也元至正六年建明成化十六年道士趙明端修

洪洞縣

羅漢寺在縣西二里孝思坊晉永和二年建又名西藍寺節年被汾水浸塌今改徙近城寺名仍舊宋元明多名人題咏廣濟寺在縣永安里唐貞觀二年建節年被汾水浸塌今改徙貫村北官路西寺名仍舊泰雲寺在縣東唐天寶十年建彌勒寺在縣西南良村宋天聖元年建佛殿

寺在縣見賢坊宋天聖四年建明嘉靖元年改學于此遷寺于城東北隅舊倉改名古佛禪寺僧會司在焉

鹿苑寺在縣東南即福嚴寺宋治平二年建有丞相王安石記　興化寺在縣東北元大德年建

永清寺在縣朝陽坊元元統三年建于璞有詩　大雲寺在縣西北明景泰間建

清虛觀在縣西北叚里宋太平興國二年建　日新觀在縣東故縣里元至元六年建張守大有詩

玉峯觀在玉峯門外東北山上南洞里元至大年建張守大有詩　玄都觀在縣治東北朝陽坊元泰定四年建明洪武間置道會司玉虛玉峯玉清三觀入焉　翠峯觀在縣南馮張村元至正二年建

又慶雲觀　西嶽廟在縣北十里北洞里元至順四年里人趙信臣建各州縣俱有

在龍李里

浮山縣

羅漢寺在西街規制極壯麗　玉兎寺在縣西南十里唐武德初勅建玉兎觀麟德初重修聖曆

元年改觀爲寺元大德七年地震寺廢僧法雲重修有記明洪武間修置僧會司後改置羅漢院　玉兎寺記云唐高祖登極二載平陽西北即今汾西地時有玉兎見帝遣使祭之勅令置玉兎觀至高祖麟德兎復見帝行后遣中使王文泰平陽太守杜承衍躬祭且踪跡之又遣使祭之增修觀宇至則天后稱制兎又見履空而文泰承衍作見兎出徐步躡之經數日兎至平陽東神山縣西南隅即今故縣城而隱跡隨於隱處穿地求之丈餘獲玉石兎一軀端麗無比上獻后后令建玉兎觀於神山縣度道流以奉祀之後改觀爲寺

清微觀　在縣西北五里宋元祐七年建有記

寧真觀　在縣西八里辛村元延祐七年建明洪武間置道會司併洪禧二眞龍祥太清大華觀入焉

天聖宮　在縣南三十五里唐武德三年神見於龍角山下勅建舍人柳憲立混元殿於此以祀老子因改縣爲神山縣開元十四年改爲慶唐觀御製碑命高力士董其役五代唐長興中增修宋大中祥符七年遣宰相王旦致祭改名天聖宮

清源王廟　在縣東南十五

里濟廟溝絕壑幽深廟前有池水色清湛人以爲濟水之眼金大定二年建　護國西齊王廟在縣北百步明初建

趙城縣

廣勝寺有二一在霍山上一在山下漢建和元年建　休糧寺在霍山頂原名慈雲寺漢建和年建　寶嚴寺在縣東門外唐武德九年建明洪武十五年置僧會司永樂十年修　興唐寺鎮廟東唐貞觀元年建　華嚴寺在馬牧里宋建隆三年建　容攝寺在永樂里宋太平興國年建　巖泉寺在樊村里元至正三年建　崇勝院宋太平興國年賜號興國　紫微觀在伏牛里漢建和元年建　棲雲觀在楊堡里晉永和年建　騰雲觀在縣東南一里信義坊周顯德三年建後名卧雲觀明洪武間置道會司　天寧觀在桂林坊一名萬壽宮宋太平興國五年建又崇寧觀在

安定里補天觀在侯村里宋慶元四年建

太平縣

涼馬寺在縣東南二十五里卽晉獻公九層臺遺址善惠寺在縣西八里膏腴村北齊天統二年建初名敬屈寺宋嘉祐八年賜今名明初併慈化院入焉置僧會司雲壽寺在縣東北十五里連村後梁建普淨寺在縣南三十里南史庄金建普照寺在縣東北二十五里柴寺村金建聖壽寺在縣北二十五里古城鎮魏永安二年建彌陀寺在縣南十里清儲鎮明建慈蔭寺在縣東北十八里柴王村明萬曆間勅賜寺額慈氏院在南王村內有轉輪藏一座佛經甚多一統志作慈氏寺真遊觀在縣東四十里伯益村中多栢皆千百年物前一株號三清栢相傳唐天寶八年王叟得仙瓜於此進上命於瓜所建觀額曰真遊修真觀在縣南關高阜殿壁間人物元朱好古筆

精妙入神有鐘聲聞百里長清觀在西門外長春觀在北關保真觀在南關洞微觀在縣西二十五里又天真觀在縣南三十里泰山廟在北柴村明正統間絳州三庄太平六庄共捐建內有玉皇關帝藥王大王四廟有天順年間碑記康熙四十五年絳太民王統民李永經等爭廟詳告本府劉親勘立有斷案

岳陽縣

露巖寺在縣北五十里鳳凰山上其山有風洞六月凝冰焉大覺寺在縣南二里先名香巖寺金大定三年建明洪武間置僧會司圓覺寺在四次山延慶觀縣東山上宋宣和二年建玉皇閣前後殿宇森嚴觀內泉即聖泉所謂活水龍吟是也明洪武間置道會司併通玄清華仙遊棲真臨溪龍泉清泉七觀入焉

曲沃縣

秋林寺在縣西二十五里張少村元魏延昌靈光寺在
三年建明洪武初併福勝寺入焉縣
東三十里閻村唐初建感應寺在縣西關宋嘉祐五傳
有王勃靈光寺碑記年建有塔地震兩分
教寺在縣西南四十里宋嘉祐八年石佛寺大李尚書
建明洪武初併昌福寺入焉賈漢復重
修崇慶寺在高陽村金大興國寺在高縣金興定三年
定二十年勅建勅建又嘉祐寺在觀
莊里大明寺在郇村里龍泉寺慈雲院在庭城村金普
在林交里洪教寺在東下塢里大定時建
濟院一在尉村金大定二年勅清涼院一在文吉村金
建一在褚牛里元勅建大定二年勅建
一在南莊香巖院在史村金大準提庵一在上西關一
元勅建定年勅建在張寨大清
康熙七年大學士衛千佛閣在任紫霞洞在裴招仙洞
周祚尚書賈漢復建庄里南里

在隘口有石井二百餘尺眞武廟一在城西關一在四稜塞又各州縣俱有囘兩龍王廟在張少里相傳晉侯時祈禱有應封玉清觀在縣東金大定年建明洪武間置道會司今廢九龍觀在縣南二十里景明村內有古栢一株大十數圍相傳九龍神爲本村人會雲觀在蒙城里又會眞觀在義城里太清觀在八項里太虛觀在北王村里龍祥觀在東縣冊里龍泉觀在平樂里雲臺觀遇仙觀俱在東陽呈里崇德宮在林交里修德宮在史村里先天宮在東常村

翼城縣

太平興國寺在縣西門外唐貞元三年建初名慶國寺宋太平興國年間勅賜今名內有十二院曰天王曰北羅漢曰西羅漢曰南羅漢曰華嚴曰藏經曰上生曰觀音曰文殊曰慈氏山鐘樓曰大雄殿今所存者惟大雄與華嚴藏經數處耳明洪武間置僧會司弘治年重修香雲寺在南梁村西北唐太和三

年建院多古栢又金仙寺舊在東門外澮水旁宋仁宗
法雲寺在南衛里時有僧號金仙長老因以名
寺元延祐間徙同穎坊有元學壽聖寺在下交村西宋
士趙孟頫書裕行和尚道行碑治平四年重修
又聖壽寺天竺寺在唐城里西宋龍興寺在陵下村西
在符柵村元祐七年重修宋靖康二年
重石相寺在堡子村東元至元元年重修又雲龍泉寺在
修鴈寺在楊家村法輪院在中衛村馬
冊村東元至元興福寺在鄭庄東元興龍寺在灤池山
十三年重修延祐二年建曲舊名羅
漢洞元至治中僧碧雲佛巖寺在澮史村西元十方院
重建沁水李翰有詩至正間重修
在八望村金彌陀院在澗下村西元大德八年建有紅
大定間修梅一株又名梅花寺又興國院在
北史村金碧雲菴在古暑翔清觀在南梁村東宋棲真
天會間建村元建元豐四年建
觀在東河下澮水北崖上元初建明嘉顧真觀在下村
靖二十四年爲水所浸改建北原上東北元

至元年重修又仙洞觀在風雨壇南崖下乾元觀在順村東元大德八年重修又安靖觀在覆續村懸泉觀在棲雲觀在清流村東元延祐年建又長春觀在四望里南史里清和觀在西關里道士張志和建慶唐宮在石橋里唐開元十四年建紫陽宮在縣唐城坊相傳郎宋紫陽真人張伯端修養處也元至正初建明洪武間置道會司

汾西縣

建福寺在縣西四十里勍香鎮唐太和元年建興原寺在縣治東金大定二年建覺圓寺在水澗里元延祐年建巖棲寺在縣治西禮義坊元至順三年建明洪武置僧會司聖水寺縣西南四十里洪濟寺在三雲村冲祐觀在縣西北禮義坊初名玉兎觀以其地常出白兎也宋宣和五年改今額明洪武間置道會司併招仙葆光虛靜三觀入焉洪濟觀縣西五十里山

雲村

靈石縣

兜率寺 在縣東南五十里光陽山下舊名大慶寺元大德三年重建改今額明洪武間併聖壽寺入焉

資壽寺 在縣東八里元泰定三年建明洪武間置僧會司併興國崇福安靖三寺入焉

清涼寺 在小水鎮東山上寺在萬山環抱之中莊嚴宏麗爲梵宮勝境

大雲寺 在冷泉鎮寺鎖重關之中雲山幽麗騷人每棲止焉

雲峯寺 在楊家墕

惠濟寺 在北街

蟠龍菴 在水頭鎮西岳廟後

瑞雲觀 在縣東南五十里金建名修真觀元至順年修明洪武間改今額置道會司

梧桐菴 在梧桐村

蒲縣

龍興寺在縣北五里下軍村金泰和二年建明洪武間併興國清凉二寺入焉　雲峯寺翠屏山半久毀　勝果寺縣東南　蒙古寺縣西北四十里古縣村　準提庵一在西關同知冀亦式建一在洛陽村生員賀友韓建　朝元觀在縣北關元時建規制宏大久廢有葛蘭詩　九

天氏廟在縣西二十里

蒲州

景福寺在州南二十里六管山有御書景福寺扁額　棲巖寺在州東二十五里中條山上後周建德中建初名靈居隋仁壽初改今額後併白塔寺入焉有宋薛俅詩　萬固寺在州東南十五里中條山麓唐大中八年建初名建元後改今額明洪武間併白石讚嘆竹溪雲葢淨土五寺入焉　普救寺在州東五里舊名西永清院五代漢乾祐元年招討使郭威督諸軍討河東叛賊李守貞周歲城未下召院僧

善問之對日將軍若發善心賊必克矣遂折箭爲誓日賊破不戮一人遂改日普救後併廣化旌勳藏海乾明四寺入焉有狀元呂柟詩

下方寺在州東南一百里觀後村宋崇寧元年建後併禪院靈延上方麻谷四寺入焉

廣化寺在州東門外元泰定年建見一統志

開元寺在州東關薰風巷東後併廣慧普濟爭業善慶湖北五寺入焉寺內舊有唐侍中渾瑊丞相杜黃裳像

護國寺在州北三十里黃龍鎮後併鐵佛西遊水月聖壽四寺入焉

華嚴寺在州東十五里任楊村北年久傾圮郡人賈允醇捐資僧通付募化重修施茶濟衆

慶雲觀在州東二十里張華村元泰定元年建後併道靖祐聖遠塵復真摩雲五觀入焉

龍祥觀在州東南王庄里樓巖山下郡紳王謙建後併靈應觀冷雲庵入焉

永樂純陽宮在州南一百二十里南張村唐爲呂公祠又爲觀元中統三年重建改爲宮後併法通玉泉棲霞長春通玄峽石六觀入焉

寥陽宮在州治西南隅明遠坊元至元四年建其下院在城

南十五里韓陽鎮後併元都丹陽太虛廣孝棲雲五觀入焉　玉陽觀在州東

臨晉縣

延祚寺在縣南七十里宮殿僧衆較諸處最雄元至元十一年建　西閣聖壽寺在縣西北五里唐裴寂墓側　藥師院在縣東北耳泉坊唐天寶中建　觀音閣縣南六十里石佛寺南地形高聳栢林叢容一方之勝　靈峯觀縣南七十里五老山靈峯下本名無相隋開皇中更名遊仙唐貞觀中更名大明貞元中更今名即羅真人修煉處　又玄觀在縣西虞鄉里唐貞觀二年建　丹陽觀在縣東南中條山王官谷內即司空圖隱處金大定三年建　通真觀在縣內東南隅元泰定年建有呂純陽題咏又大冲觀在吳閣村聚雲觀在壽貴村莊武觀在樊橋鎮　道清觀在方山下侯聰子昇仙處相傳觀旁有硃沙洞以大石方二丈餘覆壓洞口石色皆赤內有一井水常滿又傳竹成林水自溢

凡三次昇
一仙云

滎河縣

大覺寺在縣北三十里王村唐垂拱初建明洪武間置僧會司　八龍寺在縣東門十五里李庄村宋大中祥符五年因八龍垂像之瑞建寺于此故名内有浮圖元至元年修　金山寺在縣東巽峭嶺畔宋熙寧七年建　天寧寺在縣東門外宋紹聖二年建　廣福寺在縣東北二十里馮村金天會十年建　鐵佛寺在縣南三十里薛公村金承安三年建　觀音寺在縣北四十里元至元二年建　興國寺在縣南十五里元至正四年建　慶雲觀在縣北四十里孫石村元至大四年建　明陽觀在縣南關元至治二年建　修真觀在縣北二十里何村元泰定元年建　岱嶽觀在縣北岱嶽司東元泰定二年建　聖母廟在南關　祖師廟在北城上元至正四

年建

猗氏縣

龍巖寺在縣東十八里唐貞元二年勅建金皇統五年重修　仁壽寺在城東北二里峩嵋南麓金貞元三年勅建有浮屠大佛閣舊名聖壽寺明洪武初併洪福千佛廣福壽聖聖安慈氏寶泉七寺入焉

妙道寺在縣東北元至元二十二年因舊基建有浮屠二今名鴈塔寺明洪武間置僧會司　靈巖寺在李村有藏經三千餘卷今已殘缺　寶峯院在東朝村勅建　太清觀在縣東南二十里金大定中建明洪武初併天寧萬壽清真三觀入焉置道會司　宜陽洞在黃鬬景村

萬泉縣

彌陀寺在張戶村元魏景明年建　法藏寺在馮底村唐貞觀中尉遲敬德監修　正覺寺

在景村唐龍朔元年建　福興寺在西解村唐乾封二年建　大雄寺在南解村宋至和年建

勝果寺在縣西宋宣和二年建明洪武間置僧會司併釋迦龍興檻泉下生四寺入焉　天長寺在王賈村遼天慶二年建　黃龍寺在皇甫村元祐元年建　法雲寺孤山絕頂天將大雨雲起山巔元泰定元年建又法寶寺在趙村靈慧寺在吳薛村　福勝寺在小桃村　觀音寺洞一名觀音聖水院　崇寧觀在西賈村元至元二年建　太清觀在縣西門內元延祐三年建

元至正十二年建　鐵佛寺在按察司東明洪武初置僧會司　峯介寺在烏蘸村　觀音寺在聖水泉西內有古

寺洞一名觀音聖水院　天慶觀在南李村元延祐間建　玉皇廟在縣治西北隅

河津縣

豐巖寺在縣治南隋開皇間建　鐵佛寺在縣治南唐麟德中建又大明寺在尹村貞元中建

覺城寺在縣東宋天聖九年建明洪武間置僧會司併顯慶存留二寺入焉寳勝寺在樓宋崇寧年建　興化寺在樊村元至正年修又千佛寺僧里在郭樊里雲中寺在紫金山　建極宮在龍門山元至正間道士姜善信募修郎大禹廟

解州

歸起寺在州西北三十里三樓村元魏間建内建三樓故其里以三樓名　興福寺在州治西北崇寧坊宋乾興元年建明洪武間　天寧寺在州西三十里中條置僧正司併廣慈石牛二寺入焉之陰宋元祐三年建元至治三年修寺有羅漢祠後有闕其殿宇僧舍百有餘間紅臉溝泉自寺後東偏流繞而北四圍皆古柏東西南北十五里望之鬱然爲一方之勝　石牛寺趙村元泰定二年建　大清觀在州西崇寧坊塔巷北　崇寧宮在州西門外關廟左元至元三年姜真人建明

洪武間置道正司嘉靖二年道正楊演澄增修靜境亭于三清殿後

安邑縣

太平興國寺在縣治東北宋嘉祐八年建明洪武間置僧會司寺後塔十三級高三百六十尺上有黃白寶瓶世傳出魯班手嘉靖乙卯地震塔崩裂尺餘後又震復合亦神物也　觀音寺在縣西王曲村金泰和四年建郇羊馱寺　大覺寺在陶村內有古鐘一口元至元七年建　弘敬寺在縣西門外元至正十二年建　奉聖寺在東孫塢　集仙觀在陳壁村唐景雲間名景雲宮元改今名

長春觀在縣東元至治年建見一統志

夏縣

廣福寺在縣西七十里石磑村唐貞觀五年僧信回建　龍泉寺有二一在縣北周村里唐開元

閒修一在縣北胡張
里宋崇寧三年建　餘慶寺在縣西鳴條岡宋治平二
年建溫公守墳之院也元
豐八年賜額餘慶有碑存焉寺內有溫公祠宋制凡大
臣墳墓建寺賜額看守如范文正公先隴亦有白雲禪
院是
也　法輪寺在縣東宋崇寧年建明
洪武年修置僧會司　眞如寺一在溫谷
里一在陽
和門外金
天眷年建　雲巖寺在縣西北郭村
元至治二年建　柏塔寺在縣南吳村
柏塔山柏樹
鬱蒼爲
邑勝景　壽聖宮在縣內守信坊元至元二年道士馮明
建明洪武間置道會司併天聖萬壽二
宮九陽龍祥
二觀入焉　五龍廟在縣西四十里鳴條岡上唐武德
六年建祈雨輒應六月朔日有司
致祭聞喜各
州縣俱有　天聖宮在縣東
瑤臺下

聞喜縣

太子寺在東關漢武帝夢金人西來抱兒授帝帝驚寤
報生太子遂命卜地建廟至明帝復夢金人挾

引持矢求寸土爲居時佛始入中土因更廟爲寺曰大子寺唐貞元六年重建名福田寺明洪武間改額太子寺置僧會司

誌公寺在丘村今名黄花洞寺有古石佛碑刻記母丘氏僧四十人按隋書五行志梁天監三年武帝講經重修殿沙門誌公忽然起舞歌樂須臾悲泣賦五言詩人以爲侯景之讖豈誌公避亂而住錫于此耶又母丘儉之族避難而多爲僧耶又侯村有梁武帝廟豈誌公念舊君而廟之此耶萬曆年孝子呂辛陵住此歲久傾圮功德寺僧

廣教寺在縣南二十里寺頭村俗人大智重修嘗閉關靜修于此

保寧寺名沙渠寺相傳唐太宗屯兵乏糧鐵牛寺僧智旻以砂鍋煮飯餉之後勅建寺報之併鐵牛寺入焉

大寺在東鎮唐開元六年建元至元間重修學士閻復有記

柏巖寺在北張村金大皇統年建

大寧國寺在回坑北嶺覺寺在宋村金大定十年建之巔金貞元清康熙二年修翟鳳翥記

嘉慶寺在藺家庄元景三年

東普照寺在阜底村元至至大三年建建元十四年建

福寺在川口村元延祐二年建慈雲寺在縣南鄉元至順三年建香山寺在縣東南五里官庄嶺巔明萬曆三十二年建相傳爲唐裴晉公還帶處上有晉公祠文昌閣土塔三座爲本縣之文峯普照禪院在呱底村唐永亨元年建準提庵在北月城大清康熙年左副都御史朱裴建凝真觀在西關宋大中祥符七年建明洪武間置道會司亦名凝真萬壽宮正德中知縣王琳爲習儀所今改東嶽廟太清觀在縣北二十里野狐泉上元中統四年建雲泉觀在宋村金大定三年建洞霞觀在晁村元至元三年建超然觀在中庄元泰定年建又養浩觀在冷泉村長春觀在支村解元趙鳴鶴有記景雲宮在觀底村唐貞觀年建興貞宮在蘭德鎮唐貞觀年建

平陸縣

竹林寺唐大曆年建歷代有修葺碑記太清順治十一年重修　慶壽寺在縣西南隅仁和坊宋大中祥符二年建明萬曆辛卯知縣鄭金移南城外而僧會司寓焉　大悲寺在縣西張谷里上澗村宋僧了寬剏建　隆禧觀在縣東關唐開元三年道士楊志和剏建元至元四年道士馬公道重修明洪武間置道會司併清和觀在縣葛趙村元至元年建玉泉觀長生宮入焉

芮城縣

崇聖寺在縣東北二十五里陑上村後周武帝天和元年建又清凉寺在縣東北坡頭峪　聖壽寺在縣東南張村　壽聖寺在縣東北有搭宋元豐元年建明洪治年修訓導趙錠有記又太安村壽聖寺有宋紹聖年石記熙寧年詔以壽聖名其院進士李本題扁　延慶寺在縣西南　龍巖院在縣東北十五里水回光院在廟下村元大德年建玉門村金大定年建明成化年修劉銓有記

京觀在縣東北三里元至正年重修　樂全觀在縣西北二十五里水峪元進士何南卿創此以居元乙酉四川按察杜思問作記刻石　真常宮在縣東北七里柴村舊名澤清觀唐開元二年里人果咎重建改今額明洪武間置道會司併太清紫清二觀入焉紫清觀內降生臺唐咸通三年築世傳真人侯道華降生之地

絳州

鐘樓寺在正平坊宋乾德元年建有塔明洪武間置僧會司　佛窟寺在州南十里宋嘉祐八年建元皇慶初重修　法鉻寺在州西南蘊陽里金正隆四年建　西禪寺在正平坊元延祐間建　卄露寺州北二十五里梁天監二年帝有疾遣朱明月求卄露果疾愈賜額卄露元延祐三年重建　重陽觀在州西北董村內有讀書堂文中子曾隱居於此觀麓有清廉洞　玉清宮在州

內西北隅元至元間建舊名玉虛觀皇慶間賜今額明洪武間置道正司 清溪洞州西南五里上有大清萬壽閣康熙四十年建

稷山縣

興化寺一在縣西南三十里小甯村隋開皇年建一在縣南五十里唐咸亨年建塑像皆開元時造 青龍寺在馬村唐龍朔二年建 大明寺在縣西北華峪村唐上元年建併顯明崇慶瑞祥普照四寺入焉 佛閣寺一名清凉院在縣東北三里金皇統二年建元大德間增修明洪武間併廣教彌陀大善三寺入焉置僧會司于廣教寺 坦然寺在小社村元皇慶二年建 大善寺在高渠村元勅修內古栢一株大至七圍蔭可畝許欲伐輙有龍蛇雷雨之變 法寶寺城北十五里滴水巖下 崇化寺在白池村 雨花寺城西北隅 朝陽洞縣東二十里下王村 清華觀在縣

東南隅桃花巷元至大二年道士喬志庋保真觀在縣
改建又天真觀在西南隅段天章有記東北
元建明洪武間置道會道清觀在廉城村元洞神宮在
司又靈虛觀在西郭外延祐年建北
門外初名純陽觀道
人張志朴建郝敎記

絳縣

壽聖寺在縣東二十里鄭洪福寺在縣東四十里倉封
柴鎮隋開皇年建村元中統二年建明
洪武間併觀音福勝二寺聖水寺在縣西南十里羊村
入焉置僧會司于觀音院元泰定年建卽聖水
三泉處僧興國寺在縣治西南隅明嘉大陰寺在縣治
海林修靖年建吉天來記東十五
里張上村明爭土院在崔村懸崖危九雲觀縣東十五
萬曆年修闍古柏凌空里陳村元
延祐玉泉觀在鄭村鎮東南一在
年建賀水元至正年建

垣曲縣

興國寺縣治西安民街北金大定二年僧福勝建元延祐二年重修進士宋克篤有記明洪武間置僧會

淨福寺在縣治西北四十里平原里邑都御史趙載記又石磬寺在南有石磬扣之聲聞里餘因名

重興寺在宋村　梵香院在小趙村　洪慶觀在縣治南里許中條山舊名金闕院金大定十九年道士呂道章建元延祐六年金書勅賜洪慶之觀規模壯麗山水環抱邑之勝地也邑人王紀有記

靖真觀在縣北二十五里元至元年建　清泉觀在歪頭山殿內有清濁二泉

霍州

西福昌寺在宣化坊唐貞觀四年勅尉遲公監建名普濟寺宋太平興國三年改今額元大德七年地震傾圮延祐三年僧聚成重修明洪武十五年設僧正司併東福昌寺入焉　東福昌寺在西福昌

寺東唐貞觀四年僧清宜奉勅建後地震傾圮元延祐六年僧圓琳重建後改霍山驛明洪武十八年僧賢仁奉勘合仍建寺有碑記今改爲祝聖寺　金田寺二一在楊家庄宋政和四年建一在杜庄村各有碑記

廣順寺在宣一里金天會十一年僧德善建後地震傾圮元延祐三年重建　清虚觀樂平村唐顯慶二年建有碑記　大清觀在州宣一里宋天聖二年道士陶崇仁建有碑記　白龍觀在白龍村有記　七真菴城西南隅

吉州

天寧寺在井泉坊宋崇寧二年建明洪武間置僧正司併安平柏山二寺入焉　開化寺在州西今爲習儀所　佛閣寺在錦屏山麓　天神廟一在趙村一在曹井村一在車城村一在山羊村　玄帝廟一在舊城上一在北關外一在大天灣一在文城村一在桃園鎮高田山　全陽觀

在州北八里元大德九年建紫微觀在波門里

鄉寧縣

昭遠寺在縣南一里唐龍朔三年建洪武間置僧會司萬曆十八年重修內有古柏約四十圍旁有白雲洞多名人題咏又雲中寺靈巖寺清涼寺能仁寺西成佛寺蓮花寺聖壽院在縣東關元皇慶元年建翠微觀在縣西南七十里唐龍朔年建明洪武間併玄真觀入焉玄真觀在縣西門外天臺山明洪武間置道會司五龍宮

隰州

安國寺在州治西宣化坊唐武德二年建初名龍紀宋至道元年改今額明洪武間置僧正司興教寺在州北九十里宋元符三年建卧雲寺在州西北三十五里金大定元年建黄雲寺

在土同里山高萬丈內有仙人石碁一盤又鄉寧寺在州北一百五十里張果老常遊焉聖境寺在南關

天寧寺城東北一里初名天王寺康熙十年僧聖圓募建樓閣三層爲一州鉅觀

千佛菴城西北二里俗名小西天

練陽菴在州南十里宋至道二年建

奎光閣城南十里知州錢以塏建有記

白衣閣在北門外知州錢以塏建有記

雲峯觀在州北八里軍儀里宋至道二年建

迎真觀在州北八里宋至道二年建

祈真觀在州宣化坊金興定五年建

大寧縣

彌陀寺在縣南一里元至治三年建明洪武間修置僧會司併福勝寺入焉

太清觀在縣東門外金大定三年建

聖母廟在城隍廟西

曹仙姑廟在城西北

永和縣

興化寺在縣治仙芝坊金明昌五年建明洪武間置僧會司併昭陽丈八佛二寺入焉**普照寺**在縣南五十里**朝陽寺**在縣治北十五里**龍巖寺**在縣治南宋建**香巖寺**在縣治北名羅漢洞

平陽府志卷之三十四

祥異

物不恒見皆異也不獨妖爲異卽祥亦爲異封豨長蛇見怪於陶唐之世白麟朱鴈呈瑞於漢武之時所謂妖者果妖而祥者果祥耶君子之學主於畏天物有反其常者則思其所以致之之故恐懼修省勿之有怠焉耳矣且夫日蝕星孛徵於天而難測水旱兵疫被於物而可憑休咎之驗或繫天下或繫一境繫乎天下郡不得而詳也繫乎一境守境者其敢略諸意天道遠人道邇

反蝗渡虎匪異人任尚敬之哉作祥異志

陶唐帝堯時蓂莢生于庭　庭生屈軼草　產一角獸

十日並出焦禾殺稼又有大風猰貐封豨長蛇洪水爲

民害帝使羿繳大風于青丘之澤上射十日下殺猰貐斷長蛇于洞庭擒封豕于桑林　麒麟遊

于藪澤　景星出翼尚書中侯

有虞帝舜時安王石見十一月朔北巡狩駕詣大茂山值天大雪駕不能進遥祀北嶽之神

擊石拊石百獸率舞嘉祥畢見有石自嶽上冉冉而墜帝前若翔鶴之狀以安王心名曰安王石　鳳凰

來儀　景星出大星也狀如半月現于晦朔之時王者政教無私則景星出而天下太平

卿雲興

夏禹王時靈龜負書出

帝孔甲時天降乘龍有雌雄令劉累豢之

商盤庚時耿都河决遷于亳改商曰殷耿今河津縣東耿鄉是也

周襄王六年沙麓崩卜偃曰期年將有大咎　二十四年十二月庚辰晉將殯文公于曲沃出絳殯有聲如牛卜偃使大夫拜曰君命大事將有西師過軼我擊之必大捷焉

定王十三年春絳有星出婺女　十四年河赤于龍門三里　二十一年梁山崩遏河三日不流晉君召伯宗而問焉對曰君親縞素率群臣而哭之既而祀焉乃流

敬王六年龍見于郊今絳州

貞定王三年晉地震　六年河絶于扈　十二年晉河水赤三日　十六年原過遇神人于王澤原過從智伯見老人于王澤與竹二節剖竹有赤書曰霍太山山陽侯

考王二年晉龍門河水赤三日　八年彗星見于晉

十三年晉無雲而雷桃杏冬實

威烈王三年晉有大火下于北方其聲如鼓　十三年晉河岸崩壅龍門以至于底柱　二十年乙亥五月絳有犬異三大犬率衆犬數萬聚于絳殺一犬于東方一犬于西方按綱目威烈王在位二十四年乙亥乃二十年也舊志二十七

年乙亥誤

顯王二年河赤于龍門三日　七年大雨三月魏敗韓趙兵于澮

漢景帝後二年秋晋大旱

武帝元狩二年汾濱有光如絳武帝幸汾陰汾陰男子公孫洋等見于汾水之旁

元鼎元年夏五月得大鼎于汾陰

宣帝神爵元年祀后土神于河東魚舞于河神爵翔集

五鳳三年幸河東祀后土神光見十餘刻吏民并觀詔赦殊死以下

元帝永光二年八月天雨草草相糾結大如彈丸

平帝元始元年正月天雨草狀如永光時

東漢安帝永初元年夏六月丁巳河東平陽地陷東西百四十餘步南北百二十餘步深二丈五尺餘　六年河東平陽池水皆赤如血占曰好任殘賊殺戮無辜延及親戚水當爲血　元初元年河東地陷　三年楊有瓜異本異本共生一瓜同蔕楊今洪洞縣　延光二年春三月丙申河東大風拔樹　秋九月河東上言木連理

順帝陽嘉元年十月蒲陰狼災殺童兒九十九人

桓帝建和二年河東木生連理　永興元年河溢民饑

永壽二年秋七月河東地裂

靈帝建寧四年五月河東雨雹　地裂裂十二處各長十里百七十步廣三十餘步深不見底

晉武帝泰始四年河東雨雹　地裂　五年八月庚子河東雪傷禾　咸寧二年三月河東隕霜害桑　六年八月庚辰河東地震　五年八月庚子河東雨雪傷秋稼三豆　太康元年夏四月河東雨雹傷麥豆　二年春三月河東隕霜殺桑

惠帝永康元年十月平陽風雹折木

懷帝永嘉二年僞漢主劉淵得玉璽於汾水劉淵永豐二年遷都平陽汾水中得玉璽文曰有新之寶盖王莽時璽也掘地者因增淵泉光三字劉淵以爲已瑞大赦境內改元河瑞 四年夏大旱 五月翔山大蝗今翼城

愍帝建興元年河東地震雨肉 二年有星隕於平陽化爲肉僞漢劉聰永嘉四年也 平陽雨血十里廣袤 地震崇明觀陷爲池水赤如血赤氣至天有赤龍奮迅而去流星起於牽牛入紫微龍形委蛇其光燭地落于平陽化爲肉在郡北十里臭聞於郡中長三十步廣二十七步傍常有哭聲晝夜不止數日聰妻劉氏產一蛇一獸各害人而走尋之不得頃之見於隕肉旁時劉聰納劉殷三女爲后逆骨肉之綱亂人倫之則隕肉諸妖其眚亦大俄而劉氏死哭聲自絕

三年平陽雨血於劉聰東宮　秋七月河東大蝗不食黍

豆靳準率部人收而埋之哭聲聞於十餘里後乃鑽土飛出復食黍豆　犬與豕交初交於相國府

門又交於宮門又交於司隸御史府門　犬與豕鬬殿上有豕着進賢冠升劉聰

并升俄而鬬死殿上　犬冠武冠帶綬與豕

宿衛莫有見其入者　石言於平陽　時帝蒙塵在平陽故有非言之物而言妖

之大者俄而帝遇害　四年大蝗　民流殍者半

東晉元帝大興元年夏雨血於平陽　廣袤十里

安帝義熙十一年霍山崩出銅鐘六　秦弘治十七年魏神瑞元年也

南北朝魏孝文太和十九年六月平陽獻白鳥　齊明宗建武二年也

宣武正始元年秋七月聞喜木連理　三年秋八月平

陽郡獻白烏 梁天監十一年也

孝明正光二年平陽獻白狐 梁普通四年也

東魏孝靜興和三年絳大旱 西魏文帝大統七年梁大同七年也

北齊武成河清二年絳州曲沃蝗　九月蒲州嘉禾異畝

同穎

隋文帝開皇六年霍州老人化爲猛獸　獲瑞石 駕幸太原傍汾河開道獲一石有文曰大道永吉因以爲瑞遂置靈石縣

煬帝大業七年十月底柱崩 偃河逆流數千里 十一年河清於龍門　十三年蒲州兵器夜有光如火 時堯君素守蒲河復清

於龍門後二年唐受禪

唐高祖武德三年河東旱　七年河東旱　九年二月蒲州黄河清

太宗貞觀二十一年秋蒲絳諸州旱　二十三年八月癸酉朔河中地震晉州尤甚壓死五十餘人乙亥又震

高宗永徽元年河東旱蝗　四月巳巳朔河東地震巳卯又震　六月庚辰河東復震　二年十月晉州地震

龍朔三年十月十六日絳州麟見詔改來年爲麟德元年

武后久視元年夏河東旱

睿宗景雲二年正月甲戌汾絳地震壞廬舍壓死百餘人

明皇開元八年十二月隰州慶雲見　十二年秋七月至九月河中旱　冬十一月榮光出於河帝祀后土太史奏榮光出河休氣四塞神風繞壇日揚其光　獲銅鼎古磚於榮河修后土祠壇掘地獲銅鼎十色皆青獲古磚長九寸有篆千秋萬歲字及長樂未央字　又赤兎見於壇　是年曲沃旱　十五年五月晉州大水　二十七年七月蒲州慶雲見連理木生刺史韓朝宗奏靈真觀有慶雲連理槐樹

代宗廣德九年晉州神山縣興虔觀枯檜復生　大曆二年秋河東大水　安邑淋雨生鹽度支侍郎韓滉奏雨多不害鹽花上

疑其不然遣諫議大夫蔣佐視之還奏如滉言七年七月絳州芝草生　十二
月臨晉縣嘉禾生四莖三穗
德宗建中二年霍山裂
貞元三年十月丁丑夜蒲地震　九年四月辛酉河中
地震壞城壁廬舍地裂水湧
憲宗元和十二年六月大雨河中隰州水害稼
穆宗長慶四年絳州蝝蛃害稼
文宗太和元年夏河中旱　秋河東蝝蛃害稼　十一
月虞鄉騶虞見河中奏虞鄉縣有白虎入重峯觀按瑞應圖義獸也一名騶虞王者德至鳥獸

澤洞幽寘則見六年河中旱　開成元年夏河中蝗

武宗會昌四年八月龍見於滎河八龍見滎河在縣東北十五里因建寺以紀瑞

懿宗咸通四年正月翼城地震壞廬舍壓死者甚多　五年冬隰州大雨雪　六年正月絳州大風拔木有十圍者　十二月晉絳地震壞廬舍地裂泉湧泥出青色　八年正月丁未河中晉絳地震壞廬舍人有死者

僖宗乾符三年秋河中多鼠鼠盜也天戒若曰將有盜矣　五年秋曲沃翼城大雨澮水逆流害稼　六月河魚逆流汜水河魚逆流而上至曲沃平陸界

占曰魚民也逆流而上不從君命也按曲沃城在今聞鄉縣以曲沃官守之曰曲沃城

廣明元年春翼城縣鴝鵒鳥集於縣署時有鴝鵒羣集泉鳥啄而噪之明年又明年復如之

中和元年春霜　秋河東旱霜殺稼　二年夏河東晝陰六十日

光啓元年隰州温泉民葬而復生既葬且半月行人聞聲呼地下其家發之則復生歲餘死

河中牛言其家殺而食之

七月河中草異解州永樂生草葉膠結如旌旗狀人以為旗字草

十二月平陸雉異集津山有雉二首向背而連頸者棲集津倉後數月羣雉數百來鬬殺之

二年七月中條山鵲焚其巢京房易傳曰人君暴虐鳥焚其舍

昭宗乾寧三年三月庚午河中地震

宋太祖建隆三年河中隰州春夏大旱　乾德元年六月絳州蝗　二年河中大旱自春至冬　三年河中府河漲壞軍營民舍數百區石臺百餘　開寶五年曲沃大水北漢劉繼元步漢天會十年也　廣運五年

七年解州夏旱　八年四月平陸鷙獸傷人使捕之生獻數頭

八月河中寶鼎禾合穗縣民張知友田禾四壠相去二尺許合穗漢廣運八年

太宗太平興國六年河中府河漲

七年春虢絳州旱　淳化二年曲沃旱　至道二年曲沃地震

真宗咸平九年七月蝗河北路蝗蝻生七月辛亥群飛翳空趨河東及霜寒始斃

大中祥符元年五龍躍於丹水　二年九月河決河中府白浮圖村　三年八月解州瑞鹽生鹽池紫泉場水二十許里不種自生其味特佳命屯田員外郎何敏中往祭池廟　東池水自成鹽安邑東池生鹽僅半池潔白成塊晶瑩異常祀汾陰經度制置使陳堯叟繼獻凡四千七百觔分賜近臣及諸軍列校　黃河清是年黃河清夏竦上清河頌　四年二月己未河中寶鼎縣瀵泉有光如燭四五炬其聲如雷　月重輪　八龍見滎光溢河是年祀后土司天監言黃氣繞壇月重輪太角光明祀畢鑾輿還縣東北十五里見八龍埀象宛然八羊俄頃不見又滎光溢河

五年四月慈州饑　鄉寧縣山生石脂如麪可爲餅餌　天禧元年二月河東蝗蝻生

仁宗明道二年七月庚辰河東蝗　慶曆三年十二月河東地震　至和二年春河東隕霜殺桑　嘉祐二年河東火旱　七年春夏河東大旱

神宗熙寧七年曲沃大旱　六月平陸大水　十四年黄河清

哲宗紹聖四年絳州產瑞蓮（治解新亭產蓮一莖而雙菡萏）

徽宗建中靖國元年晉州地震　崇寧元年春正月河東地震　政和六年隰州木連理　宣和六年閏三月河東地震　七年秋七月河東地震（地裂數十丈倉庫皆沒）

金熙宗皇統三年曲沃秋大熟
海陵王正隆二年秋曲沃蝗宋紹興二十七年也五年辛未河東
地震
世祖大定三年秋滎河蝗　四年滎河旱
衛王大安元年河東地震寧宗嘉定元年也崇寧三年曲沃旱
宋嘉定五年也
宣宗貞祐二年絳縣瑞麥絳縣吳村民席憲地內麥一莖穗有四五岐至六七岐者
二畝餘繪圖以奏一時題咏甚多縣令周澤有記宋嘉定七年也
元世祖至元八年曲沃蝗宋咸淳七年也二十六年夏曲沃雨雹

二十八年八月平陽地震壞民居萬有八百二十六區壓死甚衆

成宗大德七年秋七月地大震山西等處民居官舍多圮地裂成渠人民壓死者不可勝記而夏縣尤甚一時官署及温公書院俱傾止存一大成殿　趙城郇堡山移人李忠與弟恕皆幼孤天性至孝事母宋氏克供子職大德七年地大震郇堡山移所過居民廬舍皆摧壓傾圮將近忠家分爲兩行五十餘步復合忠家獨完至今山頭猶是兩峯　九年四月平陽地震

改平陽爲晉寧路

武宗至大元年蒲縣地震

泰定帝泰定三年秋榮河蝗　四年榮河旱

順帝至正七年四月河東大旱民多饑死　十年曲沃大饑

十一年洪洞長至日雷雹大雨雪　十二年冬十月霍山崩前三日有聲如雷隕石數里鳥獸驚散　十八年霍州兵變燒毀民舍　冬十月兩日相鬬時兩日相擊黑光摩盪　十九年五月河東蝗群飛蔽天人馬不能行所落溝塹盡平大饑　冬十月白虹貫日　二十一年冬十一月黃河清自戊辰至甲申凡七日解州平陸縣三門下黃河清至孟津九百餘里帝命秘書少監程徐祭於垣曲有文并頌記　二十七年正月己未夜天鼓鳴聲如戰鬭見絳州志

明太祖洪武十三年秋九月靈芝生平陽府治中楹產靈芝　十八年垣曲大水壞垣城

成祖永樂二年二月二十九日黃河清蒲州河津縣河清至次年正月十八日復故色　十年曲沃饑　十四年曲沃饑

宣宗宣德八年曲沃旱

英宗正統六年大饑　十一年九月靈芝生赤蛇見平陽修堯廟落成之七日有靈芝生廟之左梁又明日有赤蛇見　冬翼城大雨雪深一丈二尺樹稍皆沒道路不能通說者爲土木之兆　十四年冬十月絳州瓜並蒂絳學文廟前栢下有二瓜並蒂而生其狀如斗

英宗天順八年六月望河津白氣騰空　時學士薛瑄卒

憲宗成化元年霍州蛛與龍鬬　東山鷄掌凹妖蛛與龍鬬山水衝沒田產樹木

二月彗星見（在西北長三丈餘三閱月乃沒）二年襄陵大饑 五年夏麥兩岐穀雙穗瓜並蒂（出萬泉縣西北二十里孫庄村）六年霍山土谷崩 十六年曲沃旱 十八年六月翼城大風雨（壞廬舍傷稼）霍州汾西縣大旱 十九年饑 二十年秋不雨（次年六月始雨饑莩盈野人相食諸府州縣皆然）二十一年正月地震（洪洞趙城震者三蒲州大震壞廬舍五十日而後止是年大饑人相食）太平縣蝗（群飛蔽天禾穗樹葉食之殆盡民悉轉徙是年垣曲民流亡大半嘯聚山林朝廷命撫臣賑之）二十二年聞喜芝草生（文廟杜復生）次年秋無禾（萬泉人相食）八月望吉州大雨雪（深三四尺）二十三年夏趙城大有年 董陂水溢（聞喜豢龍池水溢鱗甲大如桐葉水有血）

痕

孝宗弘治二年蒲州大有年斗米錢二十文　七年曲沃大旱

八年秋曲沃大旱　十年臨晉旱　十四年正月朔蒲

州地震有聲如雷形勢鬨蕩如舟在浪中　十七年蒲州

旱榮河闡喜瘟疫　萬泉秋無禾又地震

武宗正德六年趙城鷄二鼓鳴是年流賊劉六劉七等作亂分賊將楊虎自東

烏嶺來攻翼城不克犯洪洞趙城霍州

歷太谷破祁縣遼州二城所過殘殺　夏六月趙城大

水城東北大水波濤洶　七年霍州黑眚見黑氣成團狀如猫犬夜行

傷人隨起隨無自北而南　八年榮河蝗　垣曲黃河清

時謂之眚餘州縣多有

凡七日魚鱉皆見形冬十一月平陸黄河堅氷　十年夏四月猗氏瑞麥生祁任里民植麥一叢數十本有一本二穗或三四穗或五六穗者有十餘畝三四穗者隨處有之時知縣翟聰有惠政至九月禾亦然　十一年夏四月萬泉雨雹大如雞子

秋八月萬泉雨雪　十四年巳卯春三月平陽晝晦對面人不相見　秋永和大雨雹夜雹小者如拳大者如杵地積三尺漂流男女三十餘口禾稼盡傷

太平大有年　秋禾一本三穗者三之二兩穗者半　稷山洄賊犯境

世宗嘉靖元年霍州汾西大有年　二年洪洞黒青見夜爲祟人多被傷流黄水一月始息　汾西大荒　五年萬泉大水　六年春萬泉地震　七年春正月霍州大雷電　秋大旱蝗

八年春正月朔太平雨黄沙　六月蝗各州縣蔽天匝地食民田將盡自相食　翼城平陸大雨四十餘日傷禾　萬泉稷山聞喜夏縣無民大饑　九年秋趙城大有年　垣曲大雨山水圮曲城西南禾皮殆盡民食樹　沃萬泉聞喜榮河稷山大饑群寇大起標掠攻城　十年蒲縣大荒十一年平陽州縣大旱民多流亡　十二年夏稷山萬泉聞喜大有年　吉州翼城猗氏旱　八月永和霜殺稼翼城桃李花　冬十月星隕如雨初七日夜星隕有光天爲赤色散落四方　十三年垣曲龍見　未幾黄河溢三日水入城門　大饑各州縣衛没人畜田産不可勝紀　流亡載道人相食　冬十月星隕如雨時有大同之變　十四年汾西霍州大有

年　十五年太平雨雹平地盈尺麥傷民饑六月臨晋大水　垣曲龍見是月二十九日龍見於堡頭村首尾貫於兩樹横亘七十餘步頭之徐入澗水七月七日大雨如注平地横流河泛漲圮城署漂溺人畜田產甚衆汾西霍州大有年　十六年六月臨汾蝗　臨晋雨雹如鷄子大三十餘里平陸大雨溺店頭村十八年六月翼城大雨雹北鄉尤甚鄉民賈文進爲雷擊死翌日得屍於潦水中有爪痕數孔里人稱其不孝秋九月洪洞雨雪大雪三日平地深數尺化水成河一夕大風盡合成氷至春始消　冬十月蒲縣星隕如雨是年大祲　十九年靈石蝗

二十一年夏五月吉州大水漂没城郭民舍半　二十二年襄陵汾水泛漲中流舟覆平陽衛馬指揮没其中同没者衆　二十三年靈石汾河

水溢城垣俱傾　二十四年夏四月平陽鄉雲見是月十一日午時鄉雲五色見日邊長二丈許廣二三尺良久方散　二十八年春三月猗氏猪異二郎坡民家猪產子二頭八足少頃而死是年五六月境內猪死殆盡　二十九年秋平陸大旱風霾蔽日　三十四年滎河黃河溢泛溢至城漂沒禾稼　十二月地震各州縣同日地震有聲如雷蒲州爲甚地裂水湧城垣屋舍殆盡人民壓溺死者不可勝紀　三十五年六月蒲解州縣黑眚見時有黑氣其疾如風每夜張燈持刃擊金鼓以防之說者謂地震壓死強寃理或然也　山鳴中條麓介谷夜半山鳴如雷　秋岳陽地震有聲如雷　霍州大有年　三十六年霍州汾西大稔　冬平陸黃河氷凝自底柱至潼關數月不解　三十七年平陸旱自夏至秋

不雨次年夏又不雨霍州汾西大有年　三十八年蒲州黃河泛漲衝沒田廬　四十年夏六月吉州地震是月十四日屋瓦皆有聲趙城洪洞靈石永和大饑　冬平陸無雪麥枯死　四十一年平陸旱春夏無麥流移載道　四十二年夏四月平陸淫雨連綿四月餘園圃皆淤　四十三年永和旱　四十四年太平旱　四十五年秋洪洞趙城大雷雨其色如墨日夜方止禾稼浥瀾次年大饑

穆宗隆慶元年夏四月稷山黑眚見　五月臨汾大雨雹如柿餅大大約半尺傷稼時端陽日也曲沃旱　絳州天裂　榮河聞喜稷山大祲稷山免田租之半　二年臨汾太平岳陽蒲縣大旱

萬泉無禾　曲沃饑　三年吉州大饑死者枕藉於道　四年夏
臨晉安邑夏縣大水波濤如雷傾壞官民廬舍甚多　秋榮河河漲入城漂没
禾稼人畜　蒲州黃河泛漲自是河徙而西移大慶關于河東　五年臨晉獲桑
泉古印居民得於北解獻官收庫　秋平陸大雨雹　蒲縣雨雹
神宗萬曆元年絳州天裂　臨晉大水山水數丈浸及王官谷漂溺祠
寺時謂二龍相戲　三年六月靈石大雨　四年夏岳陽大風折
木　六年秋七月岳陽隕霜傷禾稼　冬趙城大雨雪人畜凍死
者甚衆樹木死者大半　七年榮河隕石隕石於西頭村形圓色黑　六月岳陽旱
稷山永和荒　八年秋八月岳陽地震有聲　蒲州黃

河泛漲　九月臨晋猗氏隕霜殺稼　九年永和饑自七年至九年俱大饑　十年聞喜大旱疫　秋七月趙城汾水溢齧城西隅　十一年太平大雨雹　霍州蝗　秋吉州雹傷禾　十三年大旱　十四年大旱荒赤地千里餓莩盈野瘟疫盛行死者枕藉　夏縣水決北堤漂没民居無數　猗氏雨沙　十五年荒自十三年至十六年各州縣民死者無筭朝廷發帑銀賑之　臨晋猗氏飛蝗蔽日　九月猗氏地震　汾西禾登　十六年夏臨晋平陸榮河稷山禾登時民疫死甚衆二麥雖登至無人收刈饑民偶獲飽食死者復十之三四　秋七月絳縣大蝗飛蔽天日食稼　趙城大雨衝没廬舍城墻殆盡　八月絳縣鄉寧大雪　絳縣

安邑大有年　十七年榮河狼災食人無筭夜踰城傷人　安邑大旱蝗　解州稷山大有年　十八年夏臨汾旱　解州安邑大旱蝗　萬泉猗氏大水　十九年安邑蝦蟆田間及道路多生小蝦蟆行者無駐足之處　夏縣饑先旱後潦大荒　二十年春三月臨晉榮河猗氏大雨雪是月二十七日大雪三尺不害麥人以爲瑞　二十一年秋七月榮河大雨雹大如雞卵內有蝎殼草木之物自午至申大樹摧折無數禾稼盡壓地爲八月洪洞大雨雹大如雞卵或如拳約二尺餘殺城東六村秋禾殆盡　冬榮之赤河桃李花　臨汾烈風雷雨時立冬後　二十二年夏四月平陽火焚東南城樓　五月又火焚大教場及堯廟光天閣　襄陵火瑞儒學啓聖祠夜

四更有火光自簷下出週繞祠宇忽有聲如雷其光自敬一亭流入尊經閣前楊樹内光芒上灼約丈許黎明方巳次日官民來視祠宇樹葉依然無損人以爲文明之象　趙城大有年　安邑蝗蝻如前蝦蟆之多　二十三年夏趙城大雨雹傷禾　臨晉水旱并爲災　二十四年夏臨汾大旱　六月絳縣流星見大雨雹是月二十日夜赤星如斗自西南飛流東北次日雨雹其大如卵或如杵積三尺餘傷人無數北流里尤甚　二十五年春正月平陸大雨雹越明日大雨雪夏六月日食復圓暉珥　秋八月太平蒲州臨晉滎河猗氏解州安邑聞喜井沸池溢井水如沸池塘之水無故潮溢其臨晉村社池水氾溢横流幾數丈踰時方止説者謂之水淫主秋雨後果應　二十六年垣曲大雨雹

是月二十六日夜大雨雹平地水深五尺　稷山無禾漂没房屋不可勝紀圮城垣民有溺死者

曲沃絳縣大饑　二十七年春臨汾襄陵太平靈石蒲州汾西大旱饑山川草木無有寸遺母子夫妻有相抱立斃者　夏榮河大水鄉村落盡被衝没平陸大雨雹三汊澗暴雨異常潦水横溢壅塞故道忽自正東衝突萬錦灘盡淤茅津里爲氷雹傷禾稼殆盡　二十八年春臨汾大雨雪　秋八月臨汾絳州池水溢　解州蒲縣大饑　冬十一月解州安邑生鹽夏多雨鹽花不生至冬盛生粒且大撈採甚多公私大獲利　二十九年秋七月榮河水溢衝壞民田　汾西大饑　三十年汾西大有年

六月絳州大水平地丈餘漂没北董等庄　三十二年夏六月萬泉夏

縣大雨雹萬泉獨大如鷄子廣袤十里積如塚形傷禾　絳州大水地裂辛安諸村雷雨異常水深數尺忽地裂水注之水盡復合又諸裂外隔而中通有穀麥陷於此裂者或漂出於他裂人墮中者出如麥　三十三年夏解州無禾　絳州大雨雹雹大如拳井甘相傳店頭田間井水苦不可灌田每數十年一變苦變甘則養苗變苦則殺苗　霍州雨雹傷禾稼　襄陵大水汾河泛溢異常一時灘地盡陷船壞溺死者殆以百數　八月臨汾隕霜殺禾稼　三十四年春聞喜雨沙其色黃　夏臨汾猗氏解州夏縣平陸無禾五月星晝見十餘日方滅　六月翼城大水漂沒居民　榮河河岸崩近城老岸盡崩或謂有禪文風　秋霍州大風大風三晝夜近山穀熟大半類落於地　三十五年夏臨汾夏縣平陸等旱

民饑　五月稷山雨雹傷人大如拳人多斃在白池大陽二村　秋八月彗星見於西南　九月平陽東南天開光芒灼閃占主天羅地網兵事之象　三十四州縣大有年　三十六年夏縣饑　三十七年三十四州縣大旱　三十八年三十四州縣大旱　三十九年夏三十四州縣旱蠲免秋夏稅　四十一年春三月稷山桃李花異縣東北甘泉村桃杏開薔薇花黃白二色　夏絳州大水漂沒房地人死者甚衆　秋臨汾襄陵洪洞曲沃趙城太平夏縣垣曲吉州隰州鄉寧大水俱議賑濟　蒲州臨晉猗氏榮河萬泉安邑平陸蒲縣大旱俱議賑濟　四十二年九月地震　岳陽大水

澗河水漲漂沒地畝甚多　四十三年夏四月安邑大雨雹傷禾　四

十四年夏六月臨汾蒲州解州安邑聞喜絳州稷山臨

晉猗氏萬泉芮城垣曲旱蝗春夏不雨飛蝗蔽天復生蝻禾稼立盡霍州

有年　四十五年隰州春夏大旱秋蝗　秋七月岳陽

蒲州萬泉絳州稷山解州聞喜安邑蝗是月初七日頭翅盡赤蔽天翳

日河津無禾夏旱秋澇人相食霍州有年　冬芮城木冰一名樹甲

數日不解四十六年夏四月夏縣大雨雹傷麥禾　安邑聞

喜有年安邑大疫死亡相繼冬白氣經天　彗星見出於東南直沖紫薇垣

曲沃蒲州蝗　四十八年夏縣蝗饑

光宗泰昌元年冬蒲州大雨雪數日河冰車馬可渡

熹宗天啓元年安邑有年　二年秋七月河津黄河清

四年春岳陽大水沁澗水溺田畆成渠　五年夏河津星晝見　六年夏五月聞喜大風　七年春三月蒲州隕霜

懷宗崇禎元年秋太平蒲州隰州永和旱　永和雨雹傷禾　汾西有年　三年大寧鷄異兩頭四足　四年太平饑　五年秋蒲州芮城安邑垣曲靈雨四十餘日損屋害稼一望巨津魚產盈尺　汾西大饑　冬永和大雪連綿一十三日深丈餘　六年春芮城絳州饑斗米銀六錢　夏蒲州無麥　秋臨汾太平蒲縣臨晉安

邑隰州汾西蒲州永和大旱　垣曲大疫道殣相望　七年夏
星出參伐昏有流星出參伐有聲星尾紅光如縷直垂至地良久方滅　太平蒲縣安
邑榮河萬泉絳州隰州垣曲蒲州吉州永和饑人相食　八
年稷山垣曲旱蝗　蒲州多狼殺童婦無筭　絳州萬泉安邑
聞喜大饑人相食　九年春正月安邑大風震電雨雪　聞
喜絳州夏縣饑是年正月聞喜人相食撫院題奏援入疏內發帑二萬遣中官同撫院賑濟
夏安邑大旱　榮河蝗　隰州永和狼災食人甚多　稷山蝻
害甚於蝗　十年夏隰州永和雨雹大如鷄子傷禾　榮河蝗　岳陽饑
十一年夏六月襄陵太平蒲州臨晉解州絳州蝗　岳

陽饑　稷山靈石猗氏旱　大寧黃河清馬鬪關三十里十二年秋太平聞喜安邑絳州霍州垣曲蒲州蝗　八月永和隕霜望日傷稼靈石萬泉稷山旱　隰州饑　十三年大饑　大寧雨雹大如鷄子夏四月靈石天鼓鳴星隕有聲自西北流東北星　十四年春大饑自十三年大饑到處木皮草根剝掘既盡復食人至有父子夫婦兄弟相食者至是年春斗米麥自八九錢至一兩二錢一兩五六錢者黃昏人不敢行油觔銀一錢八九分猪肉亦如之麥方秀即擣食麥熟飽食得病死者黃腫而死者甚多有委麥於野無人收者　稷山疫死者相枕　靈石狼災篮人甚多　十五年夏四月大寧雨雪　六月臨晉垣曲安邑地震官民廬舍俱傾數日方止　萬泉蝗　十七年夏

五月芮城天皷鳴火光如斗落於東北

國朝順治元年河津黄河清　夏五月蒲州天皷鳴自東南入西北光如電　二年解州安邑大旱自三月至七月　三月岳陽蝗食禾大饑

五月稷山賈士尹妻產四子　垣曲饑　汾西大有年

三年洪洞蝗　聞喜大水是月二十四日及六月初三連大水衝没民舍甚多　秋

七月萬泉無禾　汾西有年　四年夏六月臨汾太平

汾西靈石蒲州臨晉猗氏隰州蝗　安邑有年　五年

太平聞喜安邑大雷雨汾水漲雨岸樹稍皆没安邑鹽池被害　蒲縣永和

蝗　蒲州安邑大有年　大寧鄉雲見在縣翠微山後　十一年十二年

又兩見之 六年三月安邑大風 拔木運城崩數十丈 靈石蝗 冬十二月榮河大風 夕自北來凡木物俱見火光隨風熖起拔之弗熱 七年春正月大風拔木 吉州旱 自春至夏 四月垣曲大風雨 拔木吹瓦 安邑大雨 八年秋七月河津汾水溢 湧至南門外數日始平 洪洞大水 九年六月蒲縣聞喜絳州岳陽大寧大水 稷山榮河靁雨 四十日漂沒廬舍田苗 十一年靈石雨冰 道路滑人不能行 襄陵大有年 夏瑞蓮生 襄陵城南荷香亭蓮開並頭是年科名最盛 十二年曲沃蝗 夏六月蒲州地震 垣曲大雨 平地水深數尺東南兩河移古道 冬〻大寧杏花李實 十四年夏六月猗氏大雨雹 霍

州大饑　十五年垣曲大雨拔木崩山害屋傷稼　十六年春正月
蒲州地震是月二十八日也　三月榮河隕霜穀雨後三日傷禾　夏四月
吉州大風雨雹折木　冬吉州大雨雪連綿月餘　十七年春三月
岳陽隕霜殺禾　夏五月大風雹大風拔木并農器吹至空中　蒲州
有秋　十八年夏五月猗氏大雨雹杜村尤甚是月二十日　六月
蒲州旱甚熱人有死者　秋八月蒲州黑蟲生長寸餘食苗殆盡
康熙元年萬泉有麥　聞喜麥秀二岐到處有之　秋八月大
雨大雨如注連綿彌月城垣半傾橋梁盡圮山有崩處廬舍十壞六七民有溺死者　二年靈石
山沸水頭鎮北東山頂隕石如湧沸一年方巳　霍州有年　冬十二月蒲州

星隕墜地爲石是月初三日夜半自東而來火光如斗有聲落於西北　三年霍州有年

冬彗星見月餘乃沒　四年秋七月稷山鄉雲見　霍州有年

蒲縣大旱蠲糧三分之一　五年秋蒲縣大風拔木傷禾民饑　霍州有年

六年春正月曲沃垣曲雨黑水　三月安邑大雨雪是月

二十六日也　七年春正月彗星見　八年春三月吉州黃河

冰復結　猗氏旱　夏四月猗氏汾西雨雹　絳州流

火六月十三夜有火光如晝自西南來著於明倫堂梁更許乃隱　霍州白氣冲天東關從地

突起白氣如練冲天　秋八月望猗氏汾西復雨雹　垣曲疫冬十

一月吉州草木生萌長寸餘　九年滎河黃河清三日　河

津嘉禾生　十年春二月吉州雨泥　夏四月垣曲大雨雹有大如斗者數日不消牛羊死者極多　安邑有年　秋猗氏縢生青黑二色食麥葉盡遇微雨蟲愈多及冬化爲蒼蠅額前有鬚蟄入土囊　十一年春芮城旱自二月至五月　夏六月靈石山鳴綿山鳴共聲如雷　霍州河決是月二十四日西張河決西行漂田禾房舍甚多　太平嘉禾生一莖二三穗者所在有之蝗夜過不爲災　秋七月吉州隕霜　十五年榮河黃河衝沒民田　十六年夏四月聞喜雨雹傷麥是月十一日也近城十里并北鄉數十餘村時麥已將成雹有如鷄子大者一望盡白地　絳州雨沙　十七年榮河雨雹黃河水漲淤民田　岳陽稷山雨傷稼　秋九月大雨雪霍州以南至臨

晉等地雪深數尺樹木皆折　十八年春正月不雨至夏四月　安邑
夏縣運城諸處大水　霪雨如注十日漂沒廬舍無數堤堰盡決水溢鹽池池鹽不生商民
俱困　二十二年岳陽旱　十一月黃河清十五日自蒲州至平陸
二十三年秋隰州大水　二十五年夏隰州雨雹　二
十七年七月岳陽隕霜　二十八年滎河雨雹　二十
九年九月臨汾地震　聞喜旱　三十年旱　六月蝗
各州縣俱荒發帑賑濟　三十一年旱蝗大饑各州縣蠲糧有差　安邑聞喜
平陸絳州疫　三十二年大有麥　猗氏疫　三十四
年四月地震　初六日戌時有聲如雷城垣衙署廟宇民居盡行倒塌壓死人民數萬各州縣一時

俱震臨汾襄陵洪洞浮山尤甚知府王輔詳請發蒲州河津倉米煮粥奉

旨發帑銀賑濟又給貧民葢房銀每間一兩又發陝西庫銀修築城垣府縣兩學及文武各衙門　八月隰州隕霜　三十五年夏聞喜旱　三十六年旱饑　三十七年旱隰州疫　三十九年夏縣大水　四十一年蒲縣雨雹　三四月解州關廟火

之一

上發帑金修理　四十三年榮河聞喜旱　四十五年猗氏雨土色白味如鹽　聞喜旱

平陽府志卷之二十四

歷代兵氛

平陽要地兵戎大事故詳志之附於祥異之後

周平王二十八年晉昭侯封叔父成師于曲沃曲沃大于翼翼晉君都邑也成師封曲沃號爲桓叔桓叔好德晉國之衆皆附焉

三十有二年晉大臣潘父弑其君昭侯而迎曲沃桓叔桓叔欲入晉晉人發兵攻桓叔桓叔敗還曲沃

四十八年曲沃莊伯殺其君孝侯于翼晉人攻曲沃莊伯莊伯復入曲沃

桓王二年曲沃以鄭邢之師攻晉鄂侯于翼王使尹氏武

氏助之鄂侯奔隨

曲沃叛王命虢公伐曲沃立翼侯子光于翼是爲哀侯

十年晉侵陘庭陘庭與曲沃武公謀九年伐晉于汾旁虜

哀侯

十一年曲沃武公使韓萬殺所虜晉哀侯曲沃益彊無如

之何

十有五年曲沃武公誘召晉小子侯弒之周桓王使虢仲

伐曲沃武公立哀侯之弟緡于晉

僖王三年曲沃武公伐晉侯緡滅之盡以其寶器賂獻于

周釐王王命曲沃武公爲晉君于是盡并晉地而有之

周惠王十年虢人侵晉

十六年晉獻公作二軍公將上軍大子申生將下軍趙夙

御戎畢萬爲右以滅霍滅耿滅魏封趙夙于耿畢萬于

魏

十九年獻公曰始吾先君莊伯武公之誅晉亂而虢常助

晉伐我又匿晉亡公子弗誅後遺子孫憂乃假道于虞

遂伐虢取其下陽以歸

二十二年晉滅虢虢公醜奔周還襲滅虞

二十三年獻公發賈華等伐屈屈潰

二十五年晉伐翟翟以重耳故亦擊晉于齧桑左傳作采桑今平陽曲南七十里河水有采桑津晉兵解而去

襄王七年惠公用虢射謀秦饑不與秦粟而發兵且伐秦秦大怒亦發兵伐晉晉敗于韓原獲晉侯以歸

二十八年秦繆公大興兵伐晉渡河取王官封殽尸而去晉恐不敢出

三十有二年趙盾立世子夷皋晉人及秦人戰于令狐先蔑奔秦

頃王四年秦康公伐晉取羈馬晉侯怒使趙盾趙穿擊秦

大戰河曲

匡王六年秦伐晉圍焦

靈王二十二年欒盈有罪奔齊三月晉將嫁女于吳齊侯

使析歸父媵之以藩載欒盈及其士納諸曲沃四月盈

帥曲沃之甲因魏獻子以晝入絳范宣子奉平公以如

固宮范鞅用劍以帥卒欒氏退欒樂斷肘而死欒魴傷

欒盈奔曲沃晉人圍之秋齊伐晉取朝歌爲二隊入孟

門登太行張武軍於熒庭戍郫邵封少水以報平陰之

役乃還趙勝帥東陽之師以追之獲晏氂八月叔孫豹帥師救晉次于雍榆晉人克欒盈于曲沃盡殺欒氏之族黨

敬王二十二年趙鞅使邯鄲大夫午不信欲殺午午與中行寅范吉射親攻趙鞅鞅走保晉陽定公圍晉陽荀櫟韓不信魏哆與范中行爲仇乃移兵伐范中行范中行反晉君擊之敗范中行范中行走朝歌保之韓魏爲趙鞅謝晉君乃赦趙鞅鞅入于絳盟于公宮

貞定王十一年知伯與韓趙魏共分范中行地以爲邑出

公怒告齊魯欲以伐四卿四卿恐遂反攻出公出公奔
齊道死
十六年趙襄子韓康子魏桓子共殺知伯盡分其地
二十三年初命晋大夫魏斯趙籍韓虔爲諸侯
安王二十四年狄敗魏師于澮
二十六年三晋共廢其君俱酒爲家人而分其地
烈王七年韓趙伐魏圍安邑趙成侯曰殺罃立公中緩割
地而退我二國之利也韓懿侯曰殺魏君暴也割地貪
也不如兩分之魏分爲兩不彊于宋衛則我終無魏患

矣趙不聽乃解而去

顯王五年秦攻魏趙救之石阿石阿在石隰等州界

七年魏敗韓趙之師于澮

八年魏伐趙取皮牢

十七年諸侯圍魏襄陵築長城塞固陽

二十九年衛鞅言于孝公曰秦之與魏譬若人有腹心之

疾非魏併秦卽秦併魏何者魏居嶺阨之西都安邑與

秦界河而獨擅山東之利利則西侵秦病則東收地今

以君之賢聖國賴以盛而魏往年大破於齊諸侯叛之

可因此時伐魏魏不支秦必東徙然後秦據河山之固東鄉以制諸侯此帝王之業也公從之使鞅將兵伐魏魏使公子卬將而禦之軍既相距鞅遺卬書曰吾始與公子驩今俱爲兩國將不忍相攻欲與公子面相見盟樂飲而罷兵以安秦魏之民卬以爲然乃與會盟而飲鞅伏甲襲卬虜之因大破魏師魏惠王恐獻河西地於秦以和因去安邑徙大梁

三十六年秦大敗魏師擒其將龍賈取雕陰圍焦曲沃

四十年秦伐魏取汾陰皮氏拔焦

四十一年秦張儀伐魏取蒲陽旣而歸之魏盡入上郡以謝

四十二年秦歸焦曲沃于魏

四十七年秦伐魏取曲沃平周

赧王元年秦伐魏取曲沃又敗韓師于岸門質其太子倉以和河東皮氏縣有岸頭亭

五年秦魏會于臨晋

十三年秦魏韓會于臨晋秦復與魏蒲坂

十七年齊韓魏伐秦敗其軍于函谷關河渭絕一日秦割

河東三城以和三國乃退

二十一年秦敗魏師于解

二十五年秦魏冉伐魏魏入河東韓入武遂于秦

二十六年秦白起伐魏取六十一城

二十九年秦擊魏魏獻安邑以和秦出其人募民徙之

五十六年秦攻趙拔武安皮牢

漢二年六月魏王豹謁歸視親疾至國卽絕河關反漢與楚約和漢王使酈生說豹不下其八月韓信爲左丞相擊魏魏王盛兵蒲坂塞臨晉信乃益爲疑兵陳船欲渡

臨晋而伏兵從夏陽以木罌缻渡軍襲安邑魏王豹驚

引兵迎信信遂虜豹定魏爲河東郡

更始二年遣尚書僕射鮑永安集河東

冬赤眉西入關更始使定國上公王匡襄邑王成丹抗威

將軍劉均及諸將分據河東弘農以拒之赤眉衆大集

王匡等莫能當光武籌赤眉必破長安欲乘釁并關中

而方自事山東未知所寄以鄧禹沉深有大度故授以

西討之畧乃拜爲前將軍持節中分麾下精兵二萬人

遣西入關令自選偏裨以下可與俱者

光武帝建武元年正月禹自箕關將入河東河東都尉守
關不開禹攻十日破之獲輜重千餘乘進圍安邑數月
未能下更始大將軍樊參將數萬人度大陽欲攻禹禹
遣諸將逆擊於解南大破之斬參首於是王匡成丹劉
均等合軍十餘萬復共擊禹禹軍不利樊崇戰歿會日
暮戰罷軍師韓歆及諸將見兵勢已摧皆勸禹夜去禹
不聽明日癸亥匡等以六甲窮日不出禹因得更理兵
勒衆明旦匡悉軍出攻禹禹令軍中無得妄動既至營
下因傳發諸將鼓而並進大破之匡等皆棄軍亡走禹

率輕騎急追獲劉均及河東太守楊寶持節中郎將弭
彊皆斬之收得節六印綬五百兵器不可勝數遂定河
東承制拜李文爲河東太守悉更置屬縣令長以鎮撫
之是年六月光武即位於鄗七月使使者持節拜禹爲
大司徒
靈帝中平五年黄巾餘賊郭大等起于西河白波谷寇太
原河東號爲白波賊九月南單于叛與白波賊寇河東
獻帝興平二年李傕郭汜之亂張濟迎帝東歸濟復與李
傕郭汜合欲劫帝而西董承楊奉與傕汜大戰于東澗

承奉軍敗帝露次曹陽董承楊奉乃譎傕等與連和而
密遣閒使至河東招故白波帥李樂韓暹胡才及南匈
奴右賢王去卑並率其衆數千騎來與承奉共擊傕等
大破之斬首數千級乘輿乃得進承奉等夜乃潛議過
河使李樂先渡具舟船舉火爲應帝步出營臨河欲濟
岸高十餘丈乃以絹縋而下餘人或匍匐岸側或從上
自投死亡傷殘不復相知爭赴船者不可禁制董承以
戈擊披之斷手指於舟中者可掬同濟唯皇后宋貴人
楊彪董承及后父執金吾伏完等數十人其宮女皆爲

傕兵所掠奪凍溺死者甚衆既到大陽止於人家然後
幸李樂營百官饑餓河内太守張楊使數千人負米貢
餉帝乃御牛車因都安邑河東太守王邑奉獻綿帛悉
賦公卿以下封邑爲列侯拜胡才征東將軍張楊爲安
國將軍皆假節開府其壘壁羣豎競求拜職刻印不給
至乃以錐畫之或齎酒肉就天子燕飲又遣太僕韓融
至弘農與傕汜等連和傕乃放遣公卿百官頗歸宫人
婦女及乘輿器服
建安七年匈奴單于作亂平陽鍾繇率諸軍圍之未拔而

袁尚所置河東太守郭援到河東衆甚盛諸將議欲釋之去繇曰袁氏方彊援之來關中陰與之通所以未悉叛者顧吾威名故耳若棄而去示之以弱所在之民誰非寇讐縱吾欲歸其得至乎此爲未戰先自敗也且援剛愎好勝必易吾軍若渡汾爲營及其未濟擊之可大克也張旣說馬騰會擊援騰遣子超將精兵逆之援至果輕渡汾衆止之不從濟水未半擊大破之斬援降單于其後河東衛固作亂與張晟張琰及高幹等並爲寇繇又率諸將討破之

郭援攻河東所經城邑皆下賈逵堅守援攻之不拔乃召
單于并軍急攻之城將潰絳父老與援要不害逵援使
逵爲將不從將殺之絳吏民聞將殺逵皆乘城呼曰殺
我賢使君寧俱死耳逵遂得免初逵過皮氏曰爭地先
據者勝及圍急使人間行送印綬歸郡且曰急據皮氏
援既并絳衆將進兵逵恐其先得皮氏乃以他計疑援
謀人祝奭援由是留七日郡從逵言故得無敗
襄陵校尉杜松部民炅母等作亂與昌豨通曹操以呂虔
代松虔到招誘炅母渠率及同惡數十人賜酒食簡壯

士伏其側虔察艮毋等皆醉使伏兵盡格殺之撫其餘
衆羣賊乃平
晉懷帝永嘉二年秋七月劉淵寇平陽太守宋抽奔京師
河東太守力戰死之淵先在離石劉琨密遣人離間其
部雜虜降者萬餘落淵懼遂城蒲子而居之
冬十月劉淵稱皇帝改元永鳳
三年太史令宣于修之言於淵曰陛下雖龍興鳳翔奄受
大命然遺晉未殄皇居仄陋紫宮之變猶鍾晉氏不出
三年必剋洛陽蒲子崎嶇非可久安平陽有紫氣兼陶

唐舊都願陛下上迎乾象下協坤祥於是遷都平陽汾水中得玉璽文曰有新保之蓋王莽時璽也得者因增泉海光三字淵以爲已瑞大赦境內改元河瑞

四年劉淵卒太子和立其弟聰弑而代之

五年六月帝蒙塵于平陽劉聰以帝爲會稽公

愍帝建興元年春正月劉聰大會使懷帝著青衣行酒侍中庾珉號哭聰惡之丁未帝遇弑崩于平陽

建興四年十一月辛丑帝蒙塵於平陽麴允及羣官並從劉聰假帝光祿大夫懷安侯壬寅聰臨殿帝稽首于前

麹允伏地慟哭因自殺尚書辛賓梁允侍中梁濬散騎常侍嚴敦左丞相臧振黄門侍郎任播張偉杜曼及諸郡守並爲曜所害

元帝建武元年夏四月劉粲使王平謂劉乂曰適奉中詔云京師將有變勅裹甲以備之乂以爲信然令命宫臣裹甲以居粲馳遣告靳準王沉等準白之聰大驚曰豈有此乎沉等同聲曰臣等久聞但恐言之陛下弗信於是使粲圍東宫粲遣沉準收氐羌酋長十餘人窮問之皆懸首高格燒鐵灼目乃自誣與乂同造逆謀聰謂沉

等曰而今而後吾知卿等忠於朕也當念知無不言勿恨往日言不用也於是誅乂素所親厚大臣及東宮官屬數十人皆靳準及閹竪所怨也廢乂爲北部王粲使準賊殺之坑士衆萬五千餘人平陽街巷爲之空秋七月立粲爲皇太子

冬十月劉聰出獵令愍帝行車騎將軍戎服執戟爲導百姓聚而觀之故老或欷歔流涕聰聞而惡之聰後因大會使帝行酒洗爵反而更衣又使帝執蓋晉臣在坐者多失聲而泣尚書郎辛賓抱帝慟哭爲聰所害十二月

戊戌帝遇弑崩于平陽
太興元年秋七月劉聰卒太子粲立靳準有異志私謂粲
曰聞諸公欲行伊霍之事宜早圖之粲乃收景驥等殺
之遊宴後宫軍國之事一决於準八月準遂勒兵升殿
執粲殺之粲一家男女少長皆斬東市發掘聰二陵斬
聰屍焚其廟自號大將軍漢天王　石勒命張敬率騎
五千爲前鋒以討準勒統精鋭五萬繼之據襄陵北原
羌羯降者四萬餘落準數挑戰勒堅壁以挫之劉曜自
長安屯于蒲阪曜自立於赤壁署勒大司馬大將軍加

九錫增封十郡並前十三郡進爵趙公使征北劉雅鎮北劉策次于汾陰與石勒犄角之勢勒攻準于平陽小城平陽大尹周置等率雜戶六千降于勒巴帥及諸羌羯降者十餘萬落徙之司州諸縣準使卜泰送乘輿服御請和勒與劉曜競有招懷之計乃送泰于曜使知城內無歸曜之意以挫其軍勢曜潛與泰結盟使還平陽宣慰諸屠各勒疑太與曜有謀欲斬泰以速降之諸將皆曰今斬卜泰準必不復降就令泰宣漢要盟于城中使相率誅靳準準必懼而速降矣勒久乃從諸將議遣

之泰入平陽與準將喬泰馬忠等起兵攻準殺之推靳
明爲盟主遣泰及卜玄奉傳國六璽送于劉曜勒大怒
遣令史羊升使平陽責明殺準之狀明斬升勒怒甚進
軍攻明明出戰勒擊敗之枕尸二里明築城門堅守不
復出戰　石季龍率幽冀州兵會勒攻平陽劉曜遣征
東劉暢救明勒命舍師于蒲上靳明率平陽士女萬五
千人奔于劉曜曜收靳氏男女皆斬之石勒焚平陽宮
室使裴憲石會修復淵聰二墓收劉粲巳下百餘尸葬
之置戍而歸

石勒遣將自軹關西入伐曜進攻蒲阪曜遣將東救蒲阪

成帝咸和三年八月後趙石虎帥衆四萬擊趙劉曜改稱趙石勒亦稱趙爲後趙趙主曜自將救之虎懼引退曜追及與戰大破

之斬其將石瞻枕屍二百餘里

穆帝永和十二年秋八月姚襄爲桓溫所敗奔于平陽秦

并州刺史尹赤以衆降襄襄遂據襄陵

升平二年苻秦永興二年春二月秦將張平以并州叛苻堅率衆

討之以其建節將軍鄧羌爲前鋒率騎五千據汾上堅

至銅壁平盡衆拒戰爲羌所敗平養子蚝能曳牛却走

超越高城羌禽之以獻平懼乃降于堅堅赦其罪署爲
右將軍秅武賁中郎將加廣武將軍徙其所部三千餘
戶于長安
帝奕太和二年（苻秦建元三年）冬十月秦晉公苻柳據蒲坂叛堅
堅遣王猛鄧羌攻蒲坂苻柳出挑戰猛閉壘不應柳以
猛爲憚已留其世子良守蒲坂率衆二萬將攻長安長
安去蒲坂百餘里鄧羌率勁騎七千夜襲敗之柳引軍
還猛又盡衆邀擊悉俘其卒柳與數百騎入蒲坂猛又
尋破蒲坂斬柳及其妻子

孝武帝太元九年（苻秦建元二十年）春三月平陽太守慕容冲起兵河東有衆二萬進攻蒲坂苻堅命竇衝討之竇衝擊慕容冲于河東大破之時慕容泓起兵華陰冲率騎八千奔于泓軍

十一年春二月西燕將韓延因衆怨弑慕容冲（時冲稱帝于阿房）立段隨爲燕王三月慕容恒慕容承殺段隨立宜都王子顗帥鮮卑男女四十餘萬口乘輿服御禮樂器物去長安而東以永爲武衛將軍恒弟護軍將軍韜陰有貳志誘顗殺之于臨晉恒怒去之永與武衛將軍刁雲率

衆攻韜韜遣司馬宿勤黎逆戰永執而戮之韜懼出奔
恒嘗恒立慕容冲子瑤爲帝衆悉去瑤奔永永執瑤殺
之立慕容泓之子忠爲帝忠以永爲太尉守尚書令封
河東公至聞喜知慕容垂稱尊號築燕熙城以自固刁
雲等又殺忠推永爲大都督大將軍大單于雍秦梁凉
四州牧河東王稱藩於垂
冬十月苻丕據平陽慕容永以丕在平陽恐不自固乃遣
使求假道還東丕弗許遣王永及苻纂攻之以俱石子
爲前鋒都督與慕容永戰于襄陵王永大敗永及石子

皆伆之初苻纂之奔丕也部下壯士三千餘人丕猜而

忌之及王永之敗懼爲纂所殺率騎數千南奔東垣晉

揚威將軍馮該自陜要擊殺之

二十一年冬秦陷蒲坂初永嘉之亂汾陰薛氏阻河自保

不仕劉石苻氏至是後秦王姚興以禮聘薛彊以爲鎮

東將軍彊引秦兵取蒲坂

安帝元興元年姚秦弘始四年　元魏天興五年　秦王姚興大發諸軍遣義

陽公姚平狄伯支等將以伐魏姚緒統河東見兵爲前

軍節度姚紹率洛東之兵姚詳率朔方見騎並集平望

以會于興興率戎卒四萬七千自長安赴之姚平侵平陽攻乾壁六十餘日壁中衆少失井乃陷之六月魏主珪遣毘陵王順等三軍六萬騎爲先鋒八月魏主次於永安平募遣勇將率精兵二百覘魏軍爲魏前鋒將長孫肥所擒匹馬不返平遂退走魏急追及於柴壁平嬰城固守魏主圍之興乃悉舉其衆救平將據天渡運糧以餽平魏博士李先曰兵法高者爲敵所棲深者爲敵所囚今秦皆犯之宜遣奇兵先據天渡柴壁可不戰而取也魏主命增築重圍內防平出外拒興入將軍安同

曰汾東有蒙阬東西二百餘里蹊徑不通興來必從汾西直臨柴壁如此彼聲勢相接重圍雖固不能制也不如爲浮梁渡汾西築圍以拒之彼無所施其智力矣魏主從之帥步騎三萬逆擊興于蒙阬之南興晨行北引未及安營魏主軍卒至興衆怖擾魏主詔毘陵王順以精騎衝擊獲興甲騎數百斬首千餘級興退南走四十餘里魏主引還平竟不敢出但使人燒圍數百步而巳魏主知興氣挫乃南絕蒙阬之口東杜新坂之隘守天度屯賈山令平水陸路絕將坐甲而擒之魏主又緣汾

帶岡樹栅數十里以衛芻牧者九月興從汾西北下憑
壑爲壘以自固興將數千騎乘西岸闚覘魏營束栢材
從汾上流下之欲以毁橋官軍鈎取以爲薪蒸興還壘
魏主度其必攻西圍乃命修塹增廣之至夜興果來攻
梯短不及棄之塹中而還又分其衆臨汾爲壘叩逼水
門與平相望魏主因截水中興内外隔絶士衆喪氣於
是平糧盡窘急夜悉衆將突西南而出興列兵汾西舉
烽鼓譟爲平接援魏主簡諸軍精鋭屯汾西固守南橋
絶塞水口興夜聞聲望平力戰突免平聞外鼓望興攻

圍引接故但叫呼虛相應和莫敢逼圍平引不得出窮迫乃將二千赴水而死興安遠將軍不蒙世揚武將軍雷重等將士四千餘人隨平投水魏令泅水鉤捕無得免者平衆三萬餘人皆歛手受執擒興尚書右僕射狄伯支越騎校尉唐小方積弩將軍姚梁國建忠將軍雷星康官北中郎將康猥興從子伯禽已下四品將軍已上四十餘人興遠來赴救自觀其窮力不能免舉軍悲號震動山谷數日不止頻遣使請和魏主不許乘勝進攻蒲坂姚緒固守不戰魏恐蠕蠕爲難乃引還

三年（元魏天賜元年）春正月魏遣離石護軍劉託率騎三千襲蒲子

義熙六年（元魏永興二年）春正月平陽民黃苗等依汾自固受姚興官號并州刺史元六頭討平之二月癸未朔詔將軍于栗磾領步騎一萬鎮平陽

十年（元魏神瑞元年）春二月夏赫連屈孑侵魏河東蒲子殺掠吏民三城護軍張昌等要擊走之

十二年（姚秦永和元年）秦蒲阪守將姚懿反伏誅

十三年（姚秦永和二年元魏泰常二年）劉裕北伐檀道濟沈林子自陝北

渡攻秦并州刺史尹昭于蒲坂姚泓遣姚驢救蒲坂姚
驢與昭爲表裏之勢夾攻道濟道濟深壁不戰沈林子
説道濟曰蒲坂城堅池濬非可卒尅不如棄之先事潼
關道濟從之乃棄蒲坂南向潼關姚讃屯兵于河上遣
恢武姚難運蒲坂穀以給其軍至香城爲晉師所敗時
泓遣姚諶守堯栁姚和都討薛帛于河東聞王師要難
乃兼道赴救未至而難敗因破裕裨將于河曲遂屯蒲
阪姚泓以晉師之逼遣使乞師于魏魏遣司徒南平公
拔拔嵩正直將軍安平公乙旃眷進據河内游擊將軍

王洛生屯于河東爲泓聲援劉裕至潼關遣將朱超石
徐猗之會薛帛于河北以攻蒲阪姚璞及姚和都擊敗
猗之等於蒲阪猗之遇害超石棄其衆奔于潼關
恭帝元熙元年夏人攻蒲坂毛德祖不能禦全軍歸彭城
魏太武帝始光三年魏世祖侵夏自將攻統萬遣司空奚
斤率義兵將軍封禮雍州刺史延普督四萬五千人襲
蒲坂夏守將赫連乙升聞斤將至遣使告夏主赫連昌
使至統萬見大軍已圍其城還告乙升曰夏已敗矣乙
升懼棄蒲坂西走斤追敗之乙升遂奔長安斤入蒲坂

收其資器百姓安業

太平眞君六年秋九月盧水胡蓋呉反十一月遣其部落帥白廣平西掠新平安定諸夷酋皆聚衆應之殺汧城守將呉遂進軍李閏堡分兵掠臨晉巴東將軍章直與戰大敗之兵溺死於河者三萬餘人　河東蜀薛永宗聚黨盜官馬數千匹驅三千餘人入汾曲西通蓋呉受其位號秦州刺史金城公周鹿觀率衆討之不克而還庚午詔殿中尚書扶風公元處眞尚書平陽公慕容嵩二萬騎討薛永宗　薛永宗㨗破諸縣來襲聞喜縣縣

中先無兵仗人情駭動縣令憂惶計無所出裴駿在家
聞之便率厲鄉豪曰在禮君父有危臣子致命府縣今
爲賊所逼是吾等狥節之秋諸君可不勉乎諸豪皆奮
激請行駿乃簡騎驍勇數百人奔赴賊聞救至引兵退
走　七年春正月戊辰魏世祖次東雍州庚午圍薛永
宗營壘永宗出戰大敗六軍乘之永宗衆潰永宗男女
無少長赴汾水死辛未南幸汾陰
孝明帝時汾夏山胡叛逆連結正平平陽詔復元融前封
征東將軍持節都督以討之融寡於經畧爲胡所敗

孝明帝孝昌三年冬蕭寶寅據關中反自稱齊帝以長孫稚爲行臺討寶寅正平民薛鳳賢薛修義亦聚衆河東據鹽池圍蒲坂東西連結以應寶寅詔都督宗正珍孫討之四年春寶寅圍馮翊稚軍至恒農左丞楊侃謂稚曰潼關險要守禦已固不如北取蒲坂渡河而西入其腹心置兵死地則華川之圍不戰自解潼關之守必內顧而走支節既解長安可坐取也稚曰子之計則善矣然今薛修義圍河東薛鳳賢據安邑宗正珍孫守虞阪不得進如何可往侃曰珍孫行陳一夫可爲人使安能

使人河東治蒲阪西逼河封疆多在郡東修義驅民西
圍郡城其家皆留舊村一旦聞官軍至皆有內顧之心
必望風自潰矣稚乃使其子彥帥兵北渡據石錐壁命
送降名者各還村俟臺軍舉三烽當亦舉烽相應無應
烽者乃賊黨也當進擊屠之以所獲賞軍于是村民轉
相告語雖實未降者亦詐舉烽一宿之間火光徧數百
里賊圍城者不測各散歸修義鳳賢俱請降稚遂克潼
關會有詔廢鹽池稅稚上表曰臣前仰違嚴旨而先討
關賊徑解河東者非是闇長安而急蒲坂蒲坂一陷沒

失鹽池三軍口命濟贍理絕天助大魏茲計不爽昔高

祖昇平之年無所乏少猶創置鹽官而加典護非爲物

而競利恐由利而亂俗也況今王公素餐百官尸祿租

徵六年之粟調折來歲之資此皆出人私財奪人膂力

豈非願言事不獲已臣輙符司監將尉還率所部依常

収稅更聽後勑

鄭惲與唐州刺史崔元珍固守平陽武泰中爾朱榮稱兵

赴洛惲與元珍不從其命爲榮行臺中郎樊子鵠所攻

城陷被害

夯武西遷宇文泰令大都督薛崇禮據龍門引薛端同行
崇禮尋失守遂降東魏東魏遣行臺薛循義都督乙千
貴率衆數千西度據楊氏壁端與宗親及家僮等先在
壁中循義乃令其兵逼端等東度方欲濟河會日暮端
密與宗室及家僮等叛之循義遣騎追端且戰且馳遂
入石城柵得免柵中先有百家端與幷力固守貴等數
來慰喻知端無降意遂拔還河東東魏又遣其將賀蘭
懿南汾州刺史薛琰達守楊氏壁端率其屬招喻村民
多設奇以臨之懿等疑有大軍便即東還爭船溺死者

數千人端收其器械復還楊氏壁宇文泰遣南汾州刺

史蘇景恕鎮之

西魏大統三年
東魏天平四年春正月東魏高歡侵西魏龍門屯兵蒲坂

造三道浮橋度河又遣其將竇泰趣潼關西魏宇文泰

潛出軍至小關斬泰歡撤橋而退

秋八月西魏宇文泰率十二將東伐高歡率衆十萬出壺

口趨蒲坂自后土濟時西魏戰士不滿萬人戰于渭曲

歡大敗夜引還泰遣賀拔勝李弼渡河圍蒲坂東魏牙

門將高子信開門納勝軍薛崇禮弃城走勝等追獲之

太祖進軍蒲坂畧定汾絳
李弼軍至河東敬珍率猗氏南解北解安邑溫泉虞鄉等
六縣戶十餘萬歸附太祖嘉之即拜珍平陽太守領永
寧防主
自河以北多附東魏時西魏楊檦父猛先爲邵郡白水令
檦與其豪右相知請微行詣邵舉兵以應遂行與土豪
王覆憐等陰謀舉事密相應會者三千人內外俱發遂
拔邵郡擒郡守程保及令四人並斬之衆議推檦行郡
事檦以因覆憐成事遂表覆憐爲邵郡守以功授大行

臺左丞於是遣諜人誘說東魏城堡旬月之間正平河北南涉二絳建州大寧等城並有請爲內應者西魏因攻而拔之

東魏高歡敗於沙苑留薛崇禮守河東西魏宇文泰遣李弼圍之崇禮固守不下薛善密謂崇禮曰高氏戎車犯順致令主上播越與兄忝是衣冠緒餘荷國榮寵今大軍已臨而兄尚欲爲高氏盡力若城陷之日送首長安云逆賊某甲之首死而有靈豈不歿有餘愧不如早歸誠款雖未足以表奇節庶獲全首領而崇禮猶持疑不

決會善從弟馥妹夫高子信爲防城都督守城南面遣
馥來詣善云意欲應接西軍但恐力所不制善即令弟
濟將門生數十人與信馥等斬關引弼軍入時預謀者
竝賞五等爵善以背逆歸順臣子常情豈容闔門大小
俱叨封邑遂與弟慎竝固辭不受嘉之以善爲汾陰令
天平初高市貴復除晉州刺史高祖尋以洪洞要險遣市
貴鎮之高祖沙苑失利晉州行事封祖業棄城而還州
民柴覽聚衆作逆高祖命市貴討覽覽奔柴壁市貴破
斬之是時東雍南汾二州境多羣賊聚爲盜因市貴平

覽皆散歸復業

沙苑之敗高歡徙秦南汾東雍三州入於并州又欲棄晉州遣家屬向英雄城薛循義諫曰若晉州敗定州亦不可保歡怒循義曰若失守則請誅歡以循義行晉州事及西魏儀同長孫子彥圍逼城下循義開門伏甲待之子彥不測虛實於是遁去神武嘉之就拜晉州刺史循義在州擒西魏所署正平太守叚榮顯招降胡酋胡垂黎等部落數千口表置五城郡以安處之時山胡侵亂晉州遣循義追討破之進爵正平郡公

晋州北界霍山舊號千里徑者山坂高峻每大軍往來士馬勞苦封子繪啓高歡請於舊徑東谷别開一路高歡從之仍令子繪領汾晋二州夫修治旬日而就高歡親揔六軍路經新道嘉與省便賜穀二百斛後大軍討復東雍平柴壁及喬山紫谷絳蜀等子繪恒以太守前驅慰勞徵兵運糧軍士無乏

西魏大統四年王思政以玉壁險要請築城自弘農徙鎮之

西魏大統八年
東魏興和四年
冬十月東魏高歡圍西魏儀同三司王思

政於玉壁城欲以致敵西師不出十二月癸未歡以大
雪士卒多死乃還
東魏遣太保侯景攻陷正平復遣行臺薛循義率兵與斛
律俱相會楊檦以孤軍無援且腹背受敵謀欲拔還恐
義徒背叛遂僞爲宇文泰書遣人若從外送來者云已
遣軍四道赴援因令人漏泄使所在知之又分土人義
首令領所部四出抄掠擬供軍費檦分遣訖遂於夜中
拔還邵郡即授建州刺史時東魏以正平爲東雍州遣
薛榮祖鎮之檦將謀取之乃先遣奇兵急攻汾橋榮祖

果盡出城中戰士于汾橋拒守其夜樹率步騎二千從他道濟遂襲克之進驃騎將軍旣而邵郡民以郡東叛郡守郭武安脫身走免樹又率兵攻而復之轉正平郡守又擊破東魏南絳郡虜其郡守屈僧修

西魏大統十二年東魏武定四年西魏以韋孝寬爲并州刺史守玉壁九月高歡傾山東之衆志圖西入以玉壁衝要先命攻之連營數十里至於城下乃於城南起土山欲乘之以入當其山處城上先有兩高樓孝寬更縛木接之命極高峻多積戰具以禦之歡使謂城中曰縱爾縛樓至天我

會穿城取爾遂於城南鑿地道又於城北起土山攻具
晝夜不息孝寬復掘長塹要其地道仍飭毋穿至塹即
擒殺之又於塹外積柴貯火敵人有伏地道內者便下
柴火以皮排吹之吹氣一衝咸即灼爛城外又造攻車
車之所及莫不摧毀雖有排楯莫之能抗孝寬乃縫布
爲幔隨其所向懸空張之車不能壞城外又縛松於竿
灌油加火規以燒布幷欲焚樓孝寬復長作鐵鈎利其
鋒刃火竿來一鈎遙割之松麻俱落外又於城四面穿
地作二十一道分爲四路於其中各施梁柱作訖以油

灌柱火燒之柱折城並崩壞孝寬又隨崩處豎木柵以扞之敵不得入城外盡攻擊之術孝寬咸拒破之東魏兵苦戰六旬傷及病死者七萬人共爲一冢智力俱困有星墜于歡營衆驢並鳴士皆讋懼歡有疾軍中訛言孝寬以定功弩射殺丞相歡聞之勉坐見諸貴使斛律金作勅勒歌自和之哀感流涕十一月輿疾還遂殂魏文帝嘉孝寬功令殿中尚書長孫紹遠左丞王悅至玉壁勞問授驃騎大將軍開府儀同三司進爵建忠郡公

西魏大統十六年 齊天保元年 冬十月西魏宇文泰以齊主稱帝伐之

至建州齊主自將出頓東城泰聞其軍容嚴盛歎曰高
歡不死矣會久雨畜產多死乃還于是河南自洛陽河
北自平陽以東皆入于齊
齊天保三年斛律光除晉州刺史東有周天柱新安牛頭
三戍招引亡叛屢爲寇竊七年光率步騎五千襲破之
又大破周儀同王敬儁等獲口五百餘人雜畜千餘頭
而還九年又率衆取周絳川白馬澮交翼城等四戍除
朔州刺史十年除特進開府儀同三司二月率騎一萬
討周開府曹迴公斬之栢谷城主儀同薛禹生棄城奔

遁遂取文侯鎮立戍置柵而還

周保定元年齊大寧元年　周以韋孝寬立勲玉壁遂於玉壁置勲州仍授勲州刺史齊遣使至玉壁求通互市宇文護以其相持日久絶無使命一日忽來求交易疑别有故又以皇姑皇世母先没在彼因其請和之際或可致之遂令司門下大夫尹公正至玉壁共孝寬詳議孝寬乃於郊盛設供帳令公正接對使人兼論皇家親屬在東之意使者辭色甚悅時又有汾州胡抄得關東人孝寬復放東還竝致書具陳朝廷欲敦隣好遂以禮送皇姑及護母

等孝寬善於撫御能得人心所遣間諜入齊者皆爲盡力亦有齊人得孝寬金貨遥通書疏故齊動靜周皆先知時有主帥許盆孝寬托以心膂令守一戍盆乃以城東入孝寛怒遣諜取之斬首而還其能致物情如此汾州之北離石以南悉是生胡抄掠居人阻斷河路孝寬深患之而地入於齊無方誅剪欲當其要處置一大城乃於河西徵役徒十萬甲士百人遣開府姚岳監築之岳色懼以兵少爲難孝寬曰計成此城十日即畢此去晉州四百餘里一日創手二日僞境始知設令晉州徵

兵二日方集謀議之間自稽三日計其軍行二日不到我之城隍足得辦矣乃令築之齊人果至南首疑有大軍乃停留不進其夜又令汾水以南傍介山稷山諸村所在縱火齊人謂是軍營遂収兵自固版築克就卒如其言

周天和五年
齊武平元年冬斛律光率步騎五萬於玉壁築華谷龍門二城與宇文憲揄扳顯敬等相持光乃進圍定陽仍築南汾城置州以逼之夷夏萬餘户並來附先是周晋公護將東侵孝寬遣長史辛道憲啓陳不可護不納旣而

大軍果不利後孔城遂陷宜陽被圍孝寬乃謂其將帥曰宜陽一城之地未能損益然兩國爭之勞師數載彼多君子寧乏謀猷若棄崤東來圖汾北我之疆界必見侵擾今宜於華谷及長秋速築城以杜賊志脫其先我圖之實難於是畫地形具陳其狀晉公護令長史叱羅協謂使人曰韋公子孫雖多數不滿百汾北築城遣誰固守事遂不行天和五年進爵鄖國公增邑通前一萬戶是歲齊人果解宜陽之圍經略汾北遂築城守之齊丞相斛律光至汾東請與孝寬相見光云宜陽小城久

勞戰爭今既入彼欲於汾北取償幸勿怪也孝寬答曰
宜陽彼之要衝汾北我之所棄我棄彼圖取償安在且
君輔翼幼主位重望隆理宜調陰陽撫百姓焉用極武
窮兵構怨連禍且滄瀛大水千里無烟復欲使汾晉之
間橫屍暴骨苟貪尋常之地塗炭疲弊之民竊爲君不
取

周天和六年齊武平二年正月齊斛律光率衆築平隴衛壁統戎等鎮
戍十有三所馬上以鞭指畫而成拓地五百里口不言
功周柱國枹罕公普屯威柱國韋孝寬等步騎萬餘來

逼平隴與光戰於汾水之北光大破之俘斬千計軍還
詔復令率步騎五萬出平陽道攻姚襄白亭城戍皆克
之獲其城主儀同大都督等九人捕虜數千人　有栢
谷城乃周之絕險石城千仞諸將莫肯攻圖太宰段韶
曰汾北河東勢爲國家之有若不去栢谷事同痼疾計
彼援兵會在南道今斷其要路救不能來且城勢雖高
其中甚狹火弩射之一旦可盡諸將稱善遂鳴鼓而攻
之城潰獲儀同薛敬禮大斬獲首虜仍城華谷置戍而
還

周齊王憲率衆二萬出自龍門齊將新蔡王王康德以憲兵至潛軍宵遯憲乃西歸仍掘移汾水水南堡壁復入於齊齊人謂略不及遠遂弛邊備憲乃渡河攻其伏龍等四城二日盡拔又進攻張壁克之獲其軍實夷其城壘斛律光時在華谷弗能救也

周建德五年齊隆化元年冬十月周武帝謂羣臣曰晉州本高歡所起之地鎮攝要重今往攻之彼必來援吾嚴軍以待擊之必克然後乘破竹之勢鼓行而東足以窮其窟穴混同文軌已酉周主自將東侵癸亥至晉州遣齊王憲率精

騎二萬守雀鼠谷陳王純步騎二萬守千里徑鄭國公
達奚震步騎一萬守統軍川大將軍韓明步騎五千守
齊子嶺鄖氏公尹昇步騎五千守鍾鼓鎮涼城公辛韶
步騎五千守蒲津關柱國趙王招步騎一萬自華谷攻
齊汾州諸城柱國宇文盛步騎一萬守汾水關遣內史
王誼監六軍攻晉州城周主屯於汾曲齊王憲攻洪洞
永安二城並拔之齊人焚橋守險軍不得進遂屯于永
安齊後主于天池校獵晉州頻遣馳奏從旦至午驛馬
三至高阿那肱俱不奏聞平陽城巳陷賊乃奏知明卽

欲引軍而南馮淑妃又請更合一圍所以彌致遲緩周
陳王純頓軍千里徑永昌公椿屯雞棲原大將軍宇文
盛守汾水關並受憲節度憲密謂椿曰兵者詭道去留
不定見機而作不得遵常汝今爲營不須張幕可伐栢
爲庵示有形勢令兵去之後賊猶致疑也時齊主分軍
萬人向千里徑又令其衆出汾水關自率大兵與椿對
陣宇文盛馳騎告急憲自以千騎救之齊人望谷中塵
起相率遽退盛與柱國侯莫陳芮涉汾逐之多有斬獲
俄而椿告齊衆稍逼憲又回軍赴之會椿被勅追還率

兵夜返齊人果謂栢菴爲帳幕也不疑軍退翌日始悟

虹見于晉州城上首向南尾入紫微宫長十餘丈周主

每日自汾曲赴城下親督戰城中惶窘庚午齊行臺左

丞侯子欽降周壬申齊晉州刺史崔景嵩守城北面夜

密遣使送欵上開府王軌率衆應之子欽等夜開城門

引周軍入登城鼓譟齊衆潰遂克晉州擒其城主特進

開府海昌王尉相貴俘甲士八千人送關中甲戌以上

開府梁士彦爲晉州刺史加授大將軍留精兵一萬以

鎮之又遣諸軍徇齊諸城鎮並相次降欵十一月巳卯

周主聞齊主自并州率衆來援以其兵新集且避之乃
詔諸軍班師遣齊王憲爲後拒齊主至平陽率衆來追
齊王憲至於高梁橋齊師戈甲甚鋭憲與開府宇文忻
各統精卒百騎爲殿以拒之斬其驍將賀蘭豹子山褥
環等百餘人齊衆乃退憲渡汾而及周主於玉壁周主
又命憲率兵六萬還援晉州憲遂進軍營于涑水齊主
攻圍晉州晝夜不息周間諜還者或云城已陷憲乃遣
柱國越王盛大將軍尉遲迥開府宇文神舉等輕騎一
萬夜至晉州憲進軍據蒙阬爲其後援知城未陷乃歸

涑川齊主圍晋州晋州樓堞皆盡短兵相接梁士彦慷慨自若謂將士曰死在今日吾爲爾先於是勇猛齊奮號聲動天無不一當百齊兵少却乃令妻及軍人子女晝夜修城三日而就周主自率師救晋州次于高顯令齊王憲先向晋州初齊恐周師卒至於城南穿塹自喬山屬於汾水庚戌周主帥軍八萬人置陣東西二十餘里帝乘常御馬從數人廵陣處分所至輙呼主帥姓名以慰勉之將士感見知之恩各思自厲將戰有司請換馬帝曰朕獨乘良馬何所之齊主亦於塹北列陣申後

齊人塡塹南引帝大喜勒諸軍擊之齊主與淑妃奔高
梁遂北馳軍資甲仗數百里間委棄山積齊安德王延
宗率右軍先戰城下擒周開府宗挺及大戰延宗以麾
下再入周軍莫不披靡諸軍敗延宗獨全軍辛亥周主
入平陽梁士彥捋周主鬚而泣周主亦爲流涕欲班師
士彥叩馬諫遂北攻晉陽
隋高祖仁壽四年秋高祖崩漢王諒鎮太原徵之不赴遂
發兵反聞喜人叅軍王頍說諒直據京都兵曹裴文安
說諒分遣羸兵屯守要路率其精鋭直入蒲津京師震

擾兵不暇集旬日之間大事可定諒大悅於是遣諸將
分道四出署文安爲柱國與紇單貴王聃等直指京師
諒簡精鋭數百騎戴羃籬詐稱宮人還長安徑入蒲州
城中豪傑亦有應之者未至蒲津百餘里諒忽改圖令
紇單貴斷河橋守蒲州而召文安文安至曰兵機詭速
本欲出其不意王既不行文安退使彼計成大事去矣
諒不對以王聃爲蒲州刺史裴文安爲晉州薛粹爲絳
州梁菩薩爲潞州韋道正爲韓州張伯英爲澤州煬帝
遣楊素率騎五千襲王聃紇單貴於蒲州素夜至河際

収商賈船得數百艘置草其中踐之無聲遂銜枚而濟
遅明擊之卑貴敗走聃以城降於是率步騎四萬趣太
原諒窟壓降於素諒餘黨據晋絳等三州未下詔周羅
睺行晋絳吕三州諸軍事進兵圍之爲流矢所中卒于
師
煬帝大業十一年李淵爲山西河東慰撫大使擊龍門賊
母端兒射七十發皆中賊敗去而斂其尸以築京觀盡
得其箭於其尸
十二年絳郡賊敬槃陀柴保昌等阻兵數萬汾晋苦之詔

令樊子蓋進討于時人物殷阜子蓋善惡無所分別汾水之北村塢盡焚之百姓大駭相率爲盜其有歸首者無少長悉坑之擁數萬之衆經年不能破賊有詔徵還十二月以李淵代之有降者淵引置左右由是賊衆多降

十三年夏六月唐高祖起兵太原七月丙辰次靈石至賈胡堡去霍邑五十餘里代王侑遣郎將宋老生帥精兵二萬屯霍邑以拒唐會天久雨糧且盡八月高祖謀欲還兵太原秦王世民諫曰義師爲天下起也宜直入咸

陽號令天下今還守一城是爲賊爾高祖不納世民哭
於軍門高祖驚召問之對曰還則衆散於前而敵乘於
後死亡須臾所以悲爾高祖悟曰起事者汝也成敗惟
汝時左軍已先返即與隴西公建成分追之夜半太宗
失道入山谷棄其馬步行及其兵與俱還高祖乃將而
前至霍邑宋老生不出世民從數騎傅其城舉鞭指麾
若將圍之者老生怒引兵三萬分道而出高祖使殷開
山趣召後軍後軍至高祖欲使軍士先食而戰世民曰
時不可失高祖率建成居其東世民及柴紹居其南老

生兵薄東陣建成墜馬老生乘之高祖軍却世民自南原馳坂分兵斷其軍爲二而出其陣後老生兵敗投塹劉弘基就斬之日已暮將士肉薄而登遂克之　丙戌克臨汾辛卯克絳郡癸巳次龍門劉文靜康鞘利以突厥兵五百人馬二千匹至高祖喜其來緩謂文靜曰吾西行及河突厥始至兵少馬多皆君將命之功也隋驍衛大將軍屈突通守河東絕津梁高祖欲先取京師恐通犄其後猶豫未決裴寂說曰今通據蒲關未下而西我腹背受敵敗之符也不若破通而後趨京秦王曰不

然兵尚權權利於速今乘機渡河以奪其心且關中羣
盜處處屯結疑力相仗易以招懷撫而有之衆附兵彊
何向不克通自守賊耳庸能患我一失其機勝負未可
知也河東戶曹任瓌亦勸高祖自梁山濟河鼓行而進
據永豐倉高祖留兵圍蒲自引軍而西唐兵濟河破隋
將桑顯和於飲馬泉通大懼乃留鷹揚郎將堯君素守
蒲自引兵援長安唐呂紹宗韋義節等攻蒲不克十二
月屈突通軍敗降唐至城下呼堯君素君素曰公當爪
牙之寄爲國大臣主上委公以關中代王付公以社稷

國祚隆替懸之於公奈何不思報効以至於此公所乘
馬即代王所賜也公何面目乘之通慙而退時圍甚急
行李斷絕君素乃爲木鵞置表於頸具論事勢浮之黄
河沿流而下河陽守者得之達于東都越王侗見而歎
息於是承制拜君素爲金紫光祿大夫密遣行人勞苦
之監門直閤龎玉武衛將軍皇甫無逸前後自東都歸
義俱造城下爲陳利害唐又賜金劵待以不死君素卒
無降心其妻又至城下謂之曰隋室已亡天命有屬君
何自苦身取禍敗君素曰天下事非婦人所知引弓射

之應絃而倒時百姓苦隋日久及逢義舉人有息肩之望然君素善於統領下不能叛歲餘頗得外生口城中微知江都傾覆又糧食乏絶人不聊生男女相食衆心離駭白虹降於府門兵器之端夜皆光見月餘君素爲左右所害立其將王行本

唐高祖武德二年秋裴寂拒劉武周宋金剛至介休軍潰金剛攻晉州拔之執右驍衛將軍劉弘基進破澮州夏縣人呂崇茂殺其令自號魏王以應賊裴寂恇怯無將畧惟趣民入堡焚其積聚民驚擾愁怨悉起爲盜寂討

之爲所敗時王行本據蒲阪亦與武周相應關中震駭
高祖欲棄大河以東謹守關西秦王世民請曰太原王
業所基國之根本河東殷實京邑所資若舉而棄之臣
竊憤恨願假臣精兵三萬必平殄武周克復汾晉高祖
乃發關中兵使世民擊武周世民引兵自龍門渡乇栢
壁與金剛相持民間聞世民來莫不歸附至者日多漸
収其糧軍食以充大軍堅壁不戰賊勢日衰時永安王
孝基與于筠獨孤懷恩唐儉等攻夏縣呂崇茂崇茂求
救于金剛金剛遣其將尉遲敬德尋相將兵奄至虜孝

基等敬德等將還世民遣尙書殷開山等邀之于美良川大破之敬德復與尋相援王行本于蒲阪世民自將步騎三千從間道要擊又大破之敬德僅以身免悉俘其衆復歸栢壁諸將咸請與金剛戰世民曰金剛懸軍深入兵精將猛虜掠爲資利在速戰我閉營養銳以挫其鋒分兵汾隰衝其心腹彼糧盡計窮自當遁走當待此機未宜速戰三年春正月行本糧盡援絕乃出降斬之高祖幸蒲津關世民自栢壁輕騎謁行在金剛遂圍絳州世民還屯金剛引退屢戰屢敗追及于雀鼠谷一

日八戰皆破之世民不食二日不解甲三日矣敬德尋
相降武周金剛俱奔突厥
唐肅宗至德二年春正月郭子儀平河東初子儀以河東
居兩京之間扼賊要衝得河東則兩京可圖時賊將崔
乾祐自潼關退保蒲津會永樂尉趙復河東司戶參軍
韓旻司士徐景及宗室子鋒在城中謀爲內應子儀引
兵趣河東韓旻等翻城迎官軍乾祐踰城走安邑安邑
僞納之兵半入縣門發乾祐得脫身走發城北兵拒官
軍子儀擊之斬首四千級遂平河東

寶應元年春二月絳州糧賜不充朔方行營都統李國貞屢以狀聞朝廷未報軍中咨怨又以國貞治軍嚴思郭子儀之寬突將王元振乘衆怨紿曰具畚鍤以待役事衆皆怒夜燒牙門左右奔告請避之國貞曰被命爲將其可棄城乎固請乃逃獄中振引衆劫取之置食其前曰食是而役其力可乎國貞曰修宅則無之軍食則屢奏而未報吾何所負衆服其言且引去元振曰都統不死吾曹殆矣遂害之幷殺其二子及三大將

絳州諸軍剽掠不已時太原軍殺河東節度鄧景山朝廷

憂絳州與太原亂軍合少年新將望輕不可用遂以子
儀爲朔方河中北廷潞儀澤沁等州節度行營兼興平
定國副元帥進封汾陽郡王屯絳州時帝已不豫羣臣
莫有見者子儀請曰老臣受命將死于外不見陛下目
不瞑帝引至卧內謂曰河東事一以委卿子儀嗚咽流
涕賜御馬銀器雜綵别賜絹布九萬子儀至屯誅首惡
王元振等數十人太原辛雲京亦治害景山者諸鎮皆
惕息

代宗廣德二年春正月僕固懷恩反以郭子儀爲河中節

度等使懷恩將士聞之皆曰吾輩從懷恩爲不義何面目見汾陽王子儀至河中雲南子弟萬人戍河中將貪卒暴爲一府患子儀斬十四人杖三十八人府中遂安

僕固瑒攻絳州使姚良據溫誘回紇陷河陽魚朝恩遣李忠誠討瑒以霍文場監之王景岑討良王希遷監之敗瑒於萬泉生擒良

六月郭子儀以安史昔據洛陽故諸道置節度使以制其要衝今大盜已平而所在聚兵耗蠹百姓表請罷之自河中爲始乃罷河中節度及耀德軍

吐蕃入寇郭子儀悉河中兵乘邉召王翃爲河中少尹領節度後務悍將凌正數干法不逞約其徒夜斬關逐翃翃覺之陰亂漏刻以差其期衆驚不敢發俄擒正誅之一軍惕息

大曆四年郭子儀鎮邠州檄嚴郢主留務河中士卒不樂戍邠多逃還郢取渠首尸之乃定

德宗興元元年三月李懷光奔河中懷光自以朱泚之亂千里赴難爲盧杞所排咫尺不得見天子意殊怏怏以李晟軍浸盛惡之欲引軍襲之三令其衆衆不應皆曰

若欲反我曹有死不能從也懷光問計于賓佐李景略
勸其取長安殺朱泚單騎詣行在闕晏等勸東保河中
徐圖去就懷光乃說其衆曰今且往河中俟春裝辦還
攻長安未晚也東方諸縣皆富貴聽爾俘掠衆遂許之
初李齊運爲河中尹李懷光入援晝夜馳及河中士罷
困乃休三日齊運悉所賦勞軍牛酒豐甘人人喜悅及
懷光反還守河中齊運棄城走秋七月遣給事中孔巢
父宣慰河中懷光素服待罪巢父不之止又宣言于衆
曰軍中誰可代太尉領軍事者于是懷光左右發怒殺

巢父懷光不之止復治兵拒守八月詔馬燧爲河東保
寧奉誠軍行營副元帥與渾瑊駱元光韓游瓌唐朝臣
合兵討之時賊黨要廷珍守晉毛朝敭守隰鄭抗守慈
燧移檄鐫諭皆以州降因拜燧晉絳慈隰節度使燧固
讓康日知且言因降受節度恐後有功者踵以爲利帝
嘉許籍府庫兵仗以授日知日知大喜過望燧乃率步
騎三萬次于絳畧定諸縣降其將馮萬興任象玉遂圍
絳拔外郛守將夜棄城去降四千人遣李自良定六縣
降其將辛𪸩收卒五千裨將谷秀違令掠士女斬以狥

與賊戰寶鼎射殺賊將徐伯文斬首萬級獲馬五百于
時連年旱蝗物貨翔踴中朝臣多請宥懷光者帝未决
李晟言赦懷光有五不可今河中米斗五百芻藁且罄
人餓死墻壁間其大將殺戮幾盡圍之旬時力窮且潰
願無養腹心疾爲後憂臣請選精兵五千約十日糧可
以破賊馬燧亦言懷光反覆不可信河中近甸捨之屈
威靈無以示天下乃捨軍入朝爲天子自言之且得三
十日糧足平河中許之乃與瑊元光游環之兵合貞元
元年八月賊將徐廷光守長春宫城燧度長春不下則

懷光固守久攻所傷必衆乃挺身至城下見廷光廷光感泣一軍皆流涕即率衆降燧以數騎入其城衆大呼曰吾等更爲王人矣進營焦籬堡堡將降餘戍望風遁去燧濟河兵八萬陣城下河中軍士皆易其號爲太平字懷光不知所爲乃縊而死賊將牛名俊斷其首出降衆猶萬六千誅其黨閻晏孟寶張清吳冏等他脅附悉赦之不閱月河中平

王重榮河中騎將也僖宗廣明元年冬黄巢入潼關分兵畧蒲節度使李都不能支乃臣于賊内憚重榮表以自

副地邇京師賊調取横數使者至百輩坐傳舍益發兵
吏不堪命重榮脅説都曰所以詭謀紓難以外援未至
今賊衰責日急又収吾兵以困我則亡無日矣請絶橋
嬰城自守不然變生何以制之都曰吾兵寡謀不足絶
之禍且至願以節假公遂奔行在重榮乃悉驅出賊使
斬之因大掠居人以悦其下天子使前京兆尹竇潏間
道慰其軍重榮遂主留後賊使健將朱溫以舟師下馮
翊黄鄴率衆自華陰合攻重榮重榮感厲士衆大戰敗
之賊棄糧仗四十餘艘即拜檢校工部尚書爲節度使

忠武監軍楊復光率陳蔡兵萬人屯武功重榮與連和
擊賊將李詳於華州執之中和二年賊使尚讓來攻而
朱溫將勁兵居前敗重榮兵於西關門於是出兵夏陽
掠河中漕米數十艘重榮選兵三萬攻溫溫懼悉鑿舟
沉于河遂舉同州降復光欲斬之重榮曰今招賊一切
釋罪且溫武銳可用殺之不祥表爲同華節度使有詔
即副河中行營招討賜名全忠巢喪二州怒甚自將精
兵數萬壁梁田重榮軍華陰復光軍渭北犄角攻之賊
大敗執其將趙璋巢中流矢走重榮兵亦疲耗相當懼

巢復振憂之與復光計遣使者與李克用連和克用使
陳景斯總兵自嵐石赴河中親率師從之遂平巢復京
師以功封瑯邪郡王光啓元年中人田令孜怒重榮據
鹽池之饒請二池領屬鹽鐵佐軍食重榮不聽令孜徙
重榮兗海節度使以王處存代之詔克用將兵援處存
重榮上書劾令孜離間方鎮令孜遣邠寧朱玫壁沙苑
重榮詒克用書且言奉密詔須公到使我圖公此令孜
朱全忠朱玫之惑上也因示僞詔克用方與全忠有隙
信之請討全忠及玫帝數詔和解克用合河中兵戰沙

苑玫大敗奔邠州神策軍潰還京師遂大掠克用乘勝而西天子走鳳翔僞嗣襄王熅僭位重榮不受命與克用謀定王室楊復恭代令孜領神策故與克用善遣諫議大夫劉崇望齎詔諭天子意兩人聽命即獻縑十萬願討玫自贖崇望還羣臣皆賀重榮遂斬熅長安復平然性悍酷多殺戮常辱部將常行儒行儒怨之光啓三年引兵夜攻府重榮亡出外詰旦殺之推立重盈重盈留長子珙領節度事入殺行儒軍復安昭宗乾寧二年重盈卒軍中以其兄重簡子珂出繼重榮故推爲留後

珙與弟絳州刺史瑤爭河中上言珂本家蒼頭請還大
臣鎮河中又與朱全忠書言之珂急乃遣使請婚於李
克用克用薦之天子許嗣鎮然猶以崔循爲河中節度
使珙復搆珂於王行瑜李茂貞行瑜等約韓建共薦珙
詔曰吾已授珂矣重榮有大功不可廢行瑜怒使其弟
行約攻珂克用遣李嗣昭援之敗珙於猗氏獲其將李
璠三鎮銜帝之却其請也建兵犯京師謀廢帝誅執政
而立吉王固請授珙河中克用聞之怒以師討三鎮瑤
珙兵引去克用拔絳州斬瑤而屯渭北敗行約於朝邑

行約走京師與李繼鵬作亂上如石門鎮克用遣使者奔問行在帝因詔克用珂以兵趨新平又詔涇州張鐇會克用軍以扼岐陽詔削行瑜官爵以克用爲邠寧四面行營都招討使珂爲糧料使克用遣子存貞請天子還宮詔以騎三千戍三橋帝旣還加珂檢校司空爲節度使克用以女妻之珂親迎太原以李嗣昭助守河中因攻珙珙戰數北光化二年爲部將李璠所殺自爲留後詔代珙節度又失衆凡五月爲牙將朱簡所殺挈其地入朱全忠表授節度使同中書門下平章事更名友

謙始全忠擊楊行密不能克諷荆襄靑徐等道請已爲
都統以討行密帝依違未報而珂與太原鎭定等道亦
請加行密都統以討全忠由是兩罷之全忠怨珂不忘
也帝爲劉季述所廢珂憤見言色屢陳討賊謀旣反正
首獻方物帝甚倚之而全忠以克用方彊不敢加兵及
王鎔詘服拔定州而克用兵折乃謂其將張存敬曰珂
恃太原侮慢我爾持一繩縛之存敬以兵數萬度河由
含山襲絳州刺史陶建釗晉州刺史張漢瑜皆降以何
絪戍之進攻珂全忠率師繼進卽劾珂交構克用爲方

鎮生事不可赦珂乞師太原爲緇所沮不能進珂潛具
舟將遁夜諭守兵無肯爲用者乃執太原諸將并奉節
印內存敬軍存敬解圍戍以兵全忠自洛至全忠王出
也始背賊事重榮約爲甥舅德其全已指日月曰我得
志凡氏王者皆事之至是珂出迎握手泣下騈轡以入
居旬日以存敬守河中舉珂室徙于汴後令入覲遣人
賊之於華州自重榮傳珂凡二十年
文德元年春河陽節度使李罕之攻絳州降之進攻晉州
河中王重盈密結河南尹張全義圖之全義潛師襲河

陽罕之奔澤州專以寇鈔爲事懷孟晉絳閒州無刺史縣無令長田無麥禾邑無烟火者殆將十年

昭宗大順元年夏四月以張濬爲招討制置使討李克用濬會諸道兵于晉州冬十月官軍出陰地關克用遣李存孝將兵五千營于趙城鎮國節度使韓建以壯士三百夜襲其營存孝設伏以待之建兵不利靖難鳳翔之兵不戰而走禁軍自潰河東兵乘勝逐北抵晉州西門張濬出戰又敗靖難鳳翔保大定難之軍先度河西歸濬獨有禁軍及宣武軍合萬人與韓建閉城拒守存孝

攻晉州三日語其衆曰張濬宰相俘之無益天子禁兵
不宜加害退五十里而軍濬建乃得遁去存孝取晉絳
二州大掠慈隰之境
天復元年梁破河中執王珂取晉絳慈隰因大舉擊晉圍
太原晉李嗣昭日以精騎出擊梁兵會大雨梁軍解去
晉汾州刺史李瑭叛降梁軍二年春嗣昭復取汾州斬
瑭遂出陰地取慈州降其刺史唐禮又取隰州降其刺
史張瓌是歲梁兵西犯京師圍鳳翔嗣昭乘間攻梁晉
絳戰平陽執梁將一人氏叔琮選壯士二人深目而胡

鬄者牧馬褢陵道旁晉人以爲晉兵雜行道中伺其怠
擒晉二人而歸晉人大驚以爲有伏兵乃退全忠遣友
寧兵萬人會叔琮禦晉友寧欲休兵以待叔琮曰敵聞
救至必走走則何功邪乃夜擊之晉人大敗退屯蒲縣
梁朱友寧氏叔琮以兵十萬迎擊之嗣昭敗走友寧追
之晉遣李存信率兵迎嗣昭存信又敗梁軍遂圍太原
而慈隰汾州復入于梁太祖大恐謀走雲州李存信等
勸太祖奔于契丹嗣昭力爭以爲不可賴劉太妃亦言
之乃止嗣昭晝夜出奇兵擊梁軍解去周德威李嗣昭

復取汾慈隰

梁徐懷玉敗晉兵于洪洞　晉周德威攻晉州以應劉知

俊楊師厚敗之于蒙阬

天祐元年春正月朱全忠引兵屯河中表請遷都上發長

安夏四月至洛陽六月李茂貞王建李繼徽合兵討朱

全忠全忠拒之河中

天祐九年梁乾化二年　梁朱友珪弒梁主晃使召朱友謙于河

中友謙不行乃附于晉友珪遣招討使韓勍將康懷英

等兵五萬擊友謙晉王出澤潞以救之遇懷英于解縣

大敗之追至白逕嶺夜秉炬擊之懐英又敗梁兵乃解
去友謙會晉王于猗氏友謙醉寢晉王帳中晉王視之
顧左右曰冀王雖甚貴然恨其臂短耳末帝即位友謙
復臣于梁而亦附于晉
後唐明宗長興元年春潞王從珂爲河中節度與安重誨
有隙重誨矯上命諭河中牙内指揮使楊彦温使逐之
從珂出城閲馬彦温勒兵閉門拒之從珂使人詰之對
曰彦温非敢負恩受樞密使宣請爲入朝耳從珂止于
虞鄉以聞上以問重誨對曰此奸人妄言耳宜速討之

上疑之欲誘致彦温訊其事重誨固請發兵擊之乃命
西都留守索自通等將兵討之令必生致彦温吾欲面
訊之自通拔河中斬彦温上甚怒自通召從珂還京師
居之清化里第安重誨請加罪上曰朕昔爲小校家貧
賴此小兒拾馬糞自贍今爲天子曾不能庇之耶以索
自通鎮河中自通承重誨旨籍軍府甲仗數上之以爲
從珂私造賴王德妃保護得免
晋高祖天福元年晋州軍亂逐其守將高漢筠
十二年後漢高祖發太原出晋絳絳州刺史李從朗拒命

遣兵攻之未下親至城下諭之從朗乃降上命親將分
護諸門士卒一人毋得入
漢隱帝乾祐元年春三月護國節度使李守貞以河中反
高祖崩杜重威死守貞懼不自安以爲漢室新造隱帝
初立天下易以圖而門下僧總倫以方術陰干守貞爲
言有非常之相守貞乃決計反而趙思綰先以京兆反
遣人以赭黃衣遺守貞守貞大喜以爲天人皆應乃發
兵西據潼關招誘草寇所在竊發漢遣白文珂王峻出
軍擊之已而王景崇又以鳳翔反景崇與思綰遣人推

守貞爲秦王守貞拜景崇等官爵又遣人間以蠟丸書遺吳蜀契丹使出兵以牽漢文珂等攻景崇思綰久無功隱帝乃遣樞密使郭威率禁兵將文珂等督攻之諸將皆請先擊思綰景崇威計未知所向行至華州節度使扈彥珂謂威曰三叛連衡以守貞爲主守貞先敗則思綰景崇可傳聲而破矣若捨近圖遠使守貞出兵于後思綰景崇拒戰于前則兵屈矣威以爲然遂先擊守貞諸將欲急攻城威曰守貞前朝宿將健鬭好施屢立戰功况城臨大河樓堞完固未易輕也不若且設長圍

而守之乃與諸將分爲三栅栅其城三面而闕其南發
五縣丁夫築長城以連三栅守貞出兵壞長城威輙補
其所壞守貞輙出爭之守貞兵常失十三四如此逾年
擒其將魏延朗王繼勳率其衆千餘人來降守貞城中
兵無幾而食又盡殺人而食威曰可矣乃爲期日督兵
四面攻而破之初守貞召總倫問以濟否總倫曰王當
自有天下然分野方災俟殺人垂盡則王事濟矣守貞
以爲然嘗會將吏大飲守貞指畫虎圖曰吾有天命者
中其掌引弓一發中之將吏皆拜賀守貞益以自負及

城破守貞與妻子自焚其後遣使收瘞河中死者遺骸
時有僧已瘞二十萬矣
北漢乾祐四年
後周廣順元年
冬十月契丹遣蕭禹厥將奚契丹五萬會
北漢兵伐周北漢主自將兵二萬攻晉州三面置寨晝
夜攻之王萬敢史彦超拒之周主以王峻爲行營都部
署救晉州得以便宜從事別遣陳思讓康延詔自烏嶺
出絳與峻會峻至陝州留不進十二月太祖遣使者翟
守素馳至陝州諭峻欲親征峻屏左右謂守素曰晉州
城堅不可近而劉旻兵鋭亦未可當臣所以留此者非

怯也蓋有待爾且陛下新即位四方藩鎮未有威德以
加之豈宜輕舉而兗州慕容彥超反迹已露若陛下出
汜水則彥超入京師陛下何以待之守素馳還具道峻
言是時太祖已下詔西幸聞峻語遽自提其耳曰幾敗
吾事乃止不行峻軍出自絳州前鋒報過蒙阬峻喜謂
其屬曰蒙阬晉絳之險也晏不分兵扼之使吾過此可
知其必敗也北漢主攻晉州久不克軍乏食契丹思歸
峻軍去晉州一舍北漢主聞周兵大至即解去諸軍皆
欲追之峻猶豫不决明日遣騎兵追之不及而還　是

時周解暉率敢死士三十餘夜入契丹帳殺獲甚衆王彦超以騎兵追至霍邑北漢兵步騎墮崖谷死者甚衆周主命四路進兵畧地太原鄭州刺史孫延進絳州刺史沈繼深通事舍人王睿等師出陰地以李謙溥爲先鋒會霍邑謀溥因畫攻取之策繼深等共沮之延進不能用軍還出白壁關次谷口謙溥語諸將曰王師深入敵境今既退軍彼必乘我諸君當備之諸將不答謙溥獨令所部擐甲俄追騎果至延進等倉皇走谷中獨謙溥麾兵拒之并人引退

周世宗顯德五年春隰州刺史孫義卒時世宗親征淮南李謙溥謂節帥楊廷璋曰大寧咽喉要地不可闕守且車駕出征若候報則孤城陷矣廷璋卽署謙溥權隰州事至郡亟命浚城隍嚴兵備凡八日并人果以數千騎來寇時盛暑謙溥單衣持扇從二小吏登城徐步按視戰具并人退舍後旬餘大發衙車攻城謙溥募敢死士得百餘人短兵堅甲銜枚夜縋出城會廷璋兵至合勢夾攻掩其不及并人大擾悉衆遁去追北數十里

宋欽宗靖康元年平陽府叛卒導金兵入南北關粘沒喝

歎曰關險如此而使我過之南朝無人矣

秋七月都統制張思正等與金人戰諸軍皆潰于是汾晉

澤絳民皆渡河南奔州縣皆空　太原不守張思正紿

云出戰遂率張灝李宗奔慈隰於是人無固志

十一月遣聶昌如河東粘沒喝軍許盡割兩河地昌言兩

河之人忠勇萬一爲所執死不瞑目矣行至絳絳人閉

壁拒之昌持詔抵城下縋而登州鈐轄趙子清麾衆害

昌抉其目而臠之

金人再犯京師永興帥范致虛率諸軍繇澠入援郭忠

孝曰金人深入而河東無守備願分兵走太行扼其歸路彼必來戰城下之圍可緩致虛以爲然檄河中守席益馮翊守唐重與忠孝同出河東爲牽制之舉大軍盡出函谷忠孝獨以蒲解軍三千至猗氏遇金人破之踰絳州破太平砦斬首數百級攻平陽入其郛會大軍失利滑澠間乃引還

高宗建炎元年金婁室率師趨陝津攻河東郡縣之未下者習古遷杀衮破陝之散卒于平陸西北活女别勝于平陸婁室破蒲解之軍二萬盡覆之安邑解州皆降遂

克河中府降絳慈隰石等州河中守臣席益遁去郝仲
連時權府事金將婁室以重兵壓城仲連率衆力戰外
援不至度不能守先自殺其家人城陷不屈及其子皆
遇害
十二月婁室至河中官軍扼河西岸不得渡乃自韓城履
冰過陷同華二州
二年夏五月金婁室自長安大掠而東時絳州猶固守婁
室還軍陷之
十一月金人寇晉寧軍三年二月城陷徐徽言死之先是

金人圍太原分兵絕饟道自隰石以北命令不通者累
月嶶言以三十人渡河一戰破之遷武經郎知晉寧軍
兼嵐石路沿邊安撫使欽宗割兩河以紓禍同知樞密
院事聶昌出河東爲金人所刼以便宜割河西三州隸
西夏晉寧軍民大恐曰棄麟府豐晉寧豈能獨存嶶言
曰此使人矯詔耳三郡在河西設有詔猶當執奏况無
之耶遂率兵復取三州夏人所置守長皆出降嶶言慰
遣之又并取嵐石等州敉戈船卒乘羊皮渾脫亂流以
掩敵金人益備克胡砦吳堡津遣守領爲九州都統與

晉寧對壘嶶言出奇兵襲逐之時河東郡縣淪没遺民日傒王師之至嶶言陰結汾晉土豪數十萬約復故地則奏官爲守長聽世襲條其事以聞俟報可即身率精甲擣太原徑取鴈門留兵戍守且曰定全晉則形勝爲我有中原當指期克復奏上詔嶶言聽王庶節制議遂格金人忌嶶言欲速拔晉寧以除患建炎二年冬自蒲津涉河圍之先是嶶言移府州約折可求攻金及可求降金金婁室挾至城下以招嶶言嶶言一發中之可求走因出兵縱擊遂斬婁室之子當是時環河東皆已陷

獨晉寧屹然孤墉橫當強敵徽言堅壁持久撫摩瘡傷
遣沒人泅河召民之逃伏山谷者幾萬衆浮筏西渡與
金人鏖河上大小數十戰所俘殺過當晉寧號天下險
徽言廣外城東壓河下塹深不測譙堞雄固備械甚整
命諸將畫隅分守敵至則自致死力以勁兵往來爲游
援金進攻數敗不得志圍之益急晉寧俗不井飲竒汲
于河金人載茭石湮壅支流城中水乏絶備徬寢鼙鎧
仗空㪚人人惴憂知殞亡無日徽言能得衆心奮枵餓
傷夷之餘裒折槊斷刃以死固守旣自度不支取砲機

篦格凡守具悉火之曰無以遺敵一夕裨校李位石斌
繫帛書飛笴上陰約婁室啓外郭納金兵嶽言與太原
路兵馬都監孫昂決戰門中所格殺甚衆退嬰牙城以
守金人攻之不已嶽言置妻子室中積薪自焚金兵至
挾嶽言以去知不可屈遂射殺之統制孫昂及士卒皆
不屈被害
李彥仙爲石壕尉復陝州乘勝渡河列栅中條諸山旁郡
邑皆響附分遣邵雲等下絳解諸邑吏行文書請州印
章彥仙曰吾以尉守此第用吾印事聞上謂輔臣曰近

知彦仙與金人戰再三獲捷朕喜而不寐即命知陜州兼安撫使彦仙蒐軍實增陴濬湟益爲戰守備盡取家屬以來曰吾以家狥國與城俱存亡聞者感服邵興在神稷山以其衆來願受節制彦仙辟興統領河北忠義軍馬屯三門從賴其力建炎三年婁室悉兵自蒲解大入彦仙伏兵中條山擊之金兵大潰婁室僅以身免彦仙度金人必併力來攻即遣人詣宣撫使張浚求三千騎俟金人攻陜即空城渡河北趨晉絳幷汾擣其心腹金人必自救乃躡嵐石西渡河道鄜延以歸浚貽書勸

彥仙空城清野據險保聚俟隙而動彥仙不從四年婁
室陷陝州彥仙投河死
建炎四年八月知虢州邵興遣統制閻興及金人戰于解
州東屢破之
翟興授河東北路軍馬使徧檄山砦由是汾澤潞懷衛開
山砦首領皆應命復陽城縣乘勝取絳之垣曲進至米
糧川
紹興五年岳飛遣梁興等布德意招結兩河豪傑山砦韋
銓孫謀等歛兵固堡以待王師李通胡清李寶李興張

恩孫琪等舉衆來歸金人動息山川險要一時皆得其
實盡磁相開德澤潞晉絳汾隰之境皆期日與兵與官
軍會　梁興會太行忠義及兩河豪傑趙云李進董榮
牛顯張峪等破金人於垣曲
金宣宗貞祐元年十二月元兵大掠平陽太原之間
三年四月知平陽府事胥鼎建言利害十三事若積軍儲
備黄河選官讞獄簡將練卒鈔法版籍之類上頗採用
焉又言平陽歲再被兵人户散亡樓櫓修繕未完衣甲
器械極少庾廪無兩月食夏田已爲兵蹂復不雨秋種

未下雖有復業殘民皆老幼莫能耕種豈足徵求比聞
北方劉伯林聚兵野狐嶺將深入平陽絳解河中遂抵
河南戰禦有期儲積未備不速措置實關社稷生靈大
計七月就拜本路宣撫使兼前職朝廷欲起代州戍兵
五千鼎上言嶺外軍巳皆南徙代爲邊要正宜益兵保
守今更損其力一朝兵至何以待之平陽以代爲藩籬
豈可撤去尚書省奏宜如所請詔從之又言近聞朝廷
令臣清野切謂臣所部乃河東南路太原則北路也大
兵若來必始於北故清野當先北而後南况北路禾稼

早熟其野既清兵無所掠則勢當自止不然南路雖清
而穀草委積於北是資兵而召之南也臣已移文北路
宣撫司矣乞更詔諭之四年正月元兵畧霍吉隰三州
已而步騎六萬圍平陽急攻者十餘日鼎遣兵屢却之
且上言臣以便宜立官賞預張文牓招還脅從人七千
有奇續至者又六千餘俱令復業竊謂凡被俘未歸者
更宜多方招誘已歸者所居從便優加存恤無致失所
制可時河南粟麥不令興販渡河鼎上言曰河東多山
險平時地利不遺夏秋薦熟猶常藉陝西河南通販物

料況今累值兵戎農民寖少且無雨雪闕食爲甚又解
州兵屯數多糧儲僅及一月伏見陝州大陽渡河中大
慶渡皆邀阻粟麥不令過河臣恐軍民不安或生內患
伏望朝廷聽其輸販以紓解州之急從之又言霍州回
牛鳳棲嶺諸隘戍卒幾四千今兵既去而農事方興臣
乞量留偵候餘悉遣歸有警復徵既休民力且省縣官
萬一兵來亦足禦遏舉一事而獲二利臣敢以爲請詔
趨行之又言近偵知北兵駐同耀竊慮梗吾東西往來
之路遂委河中經畧使陀滿胡土門領軍赴援今兵勢

將叩關矣前此臣嘗奏聞北兵非止欲攻河東陝西必
將進取河南雖已移文陝州行院及陝西鄰境俱令設
備恐未即遵行乞詔河南行院統軍司議所以禦備之
策上以示尚書省宰臣奏兵已踰關惟宜嚴責所遣帥
臣趨迎擊之乃命鼎盍兵渡河以掣其肘制可既而鼎
聞大兵已越關乃急上章曰臣已奉詔先遣潞州元帥
左監軍必蘭阿魯帶領軍一萬孟州經畧使徒單百家
領兵五千由便道濟河以趨關陝臣將親率平陽精兵
直抵京師與王師相合又奏曰京師去平陽千五百餘

里儻俟朝廷之命方圖入援須三旬而後能至得無失
其機耶臣已身先士卒倍道兼行矣上嘉其意詔樞府
督軍應之初鼎以將率兵赴援京師奏乞委知平陽事
王質權元帥左監軍同知府事完顏僧家奴權右監軍
以鎮守河東從之未幾鼎拜尚書左丞兼樞密副使還
守平陽是時元兵已過陜州自關以西皆列營柵亘數
十里鼎慮近薄京畿遂以河東南路懷孟諸兵合萬五
千由河中入援又遣遂援河中府判官僕散掃吾出領
軍趨陜西併力禦之且慮北兵扼河移檄絳解吉隰孟

州經略司相與會兵以爲夾攻之勢已而北兵果由三
門集津北渡還至平陽鼎遣兵拒戰不利乃去
從坦宗室子貞祐二年充宣差都提控安撫山西軍民應
援中都上書曰絳解二州僅能城守而村落之民皆嘗
被兵重以連歲不登人多艱食皆恃鹽布易米今大陽
等渡乃不許粟麥過河願罷其禁官稅十三則公私皆
濟矣又曰絳解河中必爭之地惟命寶昌節度使從宜
規畫鹽池之利以實二州則民受其利兵可以強矣又
曰中條之南垣曲平陸芮城虞鄉河東之形勢陝洛之

襟喉也可分陜州步騎萬二千人爲一提控四都統分

戍四縣此萬全之策也又曰平陸産鉛鐵若以鹽易米

募工鍊冶可以廣財用備戎器小民傭力爲食可以息

盗

興定二年石州賊馮天羽爲亂詔國史院編修官馬季良

往招之其黨安國用等詣季良降者五千餘人季良分

其衆于絳霍間

十月都提控從坦上言太原已破行及平陽河東郡縣皆

不守大抵屯兵少援兵不至故耳行省兵不滿六千平

陽河東之根本河南之藩籬也乞併懷孟衛州之兵以
實潞州調澤州沁水端氏高平諸兵並山爲營爲平陽
聲援惟祈聖斷以救倒懸之急是月壬子元木華黎攻
平陽行省叅政李革守平陽或謂革宜上馬突圍出革
曰吾不能保此何面目見天子遂自殺提控郭用戰於
城北濠垣被執不屈而死癸丑城破從坦自殺
三年金復取平陽同知平陽府事胡天作言汾潞皆置帥
府平陽大鎮今稍完復所管州縣不下十萬戶復業者
相繼不絕其過汾潞遠甚宜一體置之是時晉安嵐州

皆有帥府乃以天作充便宜招撫使權元帥左都監四年封平陽公以平陽晉安府隰吉隸焉天作請以晉安府之翼城縣爲翼州以垣曲絳縣隸焉置平水縣于汾河之西朝廷皆從之初軒成本隸程琢麾下琢衆戍率衆保隰州以爲同知隰州軍州事兼提控軍馬戍增繕器甲招納亡命頗有他志是時隰州方用兵未可制天作請增置要害州縣以分其勢隰州之境蒲縣最居其衝可改爲州隰州之仵城鎮可改爲縣遥官守備詔升蒲縣爲蒲州以大寧縣隸之仵城鎮爲仵城縣天作守

平陽凡四年屢有功

木華黎克吉隰等州進攻絳州拔其城屠之　時論欲徙

聞喜民竇天成劉伯林以北地喪亂人艱於食力爭而

止之

四年十月元兵至霍州刺史移剌阿里合被執誘使降阿

里合曰吾有死無貳叱使跪但向闕而立于是叢矢射

殺之竇昌軍節度副使孔祖湯不屈死霍邑人賈邦憲

自刎

五年五月完顏賽不奉詔引兵救河東戰屢捷復晉安平

陽二城監察御史言其不能檢束士衆縱之擄畧請正
其罪上以有功詔勿問
冬金復取隰州以軒成爲經畧使元兵于是由丹州渡河
圍隰克之留合丑統蒙古軍鎮石隰間
元光元年五月完顏合達上言頃河中安撫司報北將按
察兒率兵入隰吉翼州寖及榮解之境今時巳暑猶無
回意葢將蹂吾禾麥儻如此則河東之土非吾有也又
河南陜西調度仰給解鹽今正漉鹽之時而敵擾之將
失其利乞速濟師臣巳擬分兵二萬與平陽上黨晉陽

三公府兵同力禦之竊見河中榮解司縣官與軍民多
不相諳守禦之間或失事機乞從舊法凡司縣官使兼
軍民庶幾上下相得易以集事又言鹽利今方敵兵迫
境不厚以分人孰肯冒險而取之若自輸運者十與其
八則人爭赴以濟國用從之
十月元木華黎入霍邑山堡遷其人于趙城蔣青龍堡詔
遣古里甲石倫會張開郭文振兵救之次彈平寨東三
十里不得進知府事木虎忽失來總領提控王和各以
兵降元臨城索其妻子兵民皆潰執胡天作出天作降

元木華黎所過州縣皆下時金于牛心寨僑治吉州事
木華黎自隰州攻之知州楊貞令妻孥先墜崖已從之
背从木華黎至絳州拔榮州胡瓶堡所至望風歸附河
中久爲金有至是復來歸木華黎召石天應謂曰蒲爲
河東要害我擇守者非君不可乃以天應權河東南北
路陝右關西行臺平陽李守忠太原攸哈剌拔都隰州
田雄並受節制命天應造浮梁以濟歸師
侯小叔河東縣人爲河津水手元光元年遷河中府判官
權河東南路安撫副使小叔盡䕶農民入城以家財賞

戰士河中圍解遷治中安撫如故樞密院奏小叔才能可用權位輕不足以威衆乞假符節十二月詔權元帥左都監便宜從事提控吴德説小叔出降叱出斬之表兄張先從容言大兵勢重可出降以保妻子小叔怒謂先曰我舟人子致身至此何謂出降縛先於柱而殺之飯僧祭葬以盡戚黨之禮頃之樞密院遣都監訛論與小叔議兵事小叔出城與訛論會元石天應乘之取河中府作浮橋通陝西小叔駐樂李山寨衆兵畢會夜半坎城以登焚樓櫓火照城中天應大驚不知所爲盡棄

輜重牌印馬牛雜畜歸于雙市門小叔燒絕浮橋撫定
其衆遷昭毅大將軍進授孟州防禦使同知府事監軍
安撫如故二年正月元軍騎十萬圍河中總帥訛可遣
提控孫昌率兵五千樞密副使完顏塞不遣李仁智率
兵三千俱救河中小叔期以夜中鳴鉦內外相應及期
小叔出兵戰昌仁智不敢動小叔歛衆入城圍益急衆
議出保山寨小叔曰去何之密遣經歷官張思祖潰圍
出奔告于汴京明日城破小叔死
初宣宗議遷都朝臣謂可遷河中河中背負關陝五路士

馬全盛南阻大河可建行臺以爲右翼前有絳陽平陽
太原三大鎮敵兵不敢輕入應三鎮郡縣之民皆聚之
山寨敵至則爲晝攻夜刼之計屯重軍中條則行在有
萬全之固矣主議者以河中在河朔又無宮室不及汴
梁議遂寢宣宗既遷河南三二年之後詔元帥都監内
族阿祿帶行帥府事阿祿帶恇怯不能軍竭民膏血爲
浚築之計未幾絳州破阿祿帶益懼馳奏河中孤城不
可守有旨親視果不可守則棄之無至資敵阿祿帶遂
棄河中燒民户官府一二日而盡尋有言河中重鎮國

家基本所在棄之爲失策設爲敵人所據則大河之險
我不得專恃矣宣宗悔悟繫阿祿帶同州獄累命完復
之終不能成故隨守隨破
二年春木華黎師還蒲津浮梁未成顧諸將曰橋未畢工
安可坐待乎復攻下河西堡寨十餘三月渡河還聞喜
縣疾篤召其弟帶孫曰我爲國家助成大業擐甲執銳
垂四十年東征西討無復遺恨第恨汴京未下耳汝其
勉之言訖而卒
夏四月元達兒觧按察兒攻河東張開遣禹顯扼龍豬谷

夾攻敗之擒元帥韓光國獲輜重甲仗甚衆追至祁縣
而還所歷州縣悉復之七月遣兵守衛解鹽池
哀宗正大三年八月金移剌蒲阿復曲沃及晉安
四年二月金蒲阿牙吾塔復平陽執知府李七斤獲馬八
千
四月金紇石烈眞襲擊元招討使權國王按察兒於洪洞
李守忠出援之會於高梁師潰入城元平陽副帥夾谷
常德潛獻東門以納金兵城遂陷執守忠至汴守忠語
惡置鐵籠中火炙死守忠兄伯溫鎭青龍堡知平陽已

陷弟守忠被執選驍勇拒守久之金人盡鋭來攻守卒
夜多遁去李成開水門導金兵入伯溫以刄植柱刺心
而死子守正後爲平陽守活俘虜甚衆
三月以銀贖平陽虜獲男女分賜官軍者聽自便
八年九月元主自將攻河中河中告急金合打蒲阿遣王
敢率步兵一萬救之十二月河中破初金河中守將草
火訛可板子訛可懼軍力不足截故城之半守之元兵
築松樓高二百尺下瞰城中土山地穴百道並進至十
一月攻愈急自王敢兵至軍士殊死鬬日夜不休西北

樓櫓俱盡白戰又半月力盡城陷草火訛可戰數十合
始被擒尋殺之板子訛可提敗卒三千奪船走北兵追
及鼓譟北岸上矢石如雨至潼關遂入閿鄉尋有詔赦
將佐以下責板子訛可以不能死車載入陝州决杖二
百

元仁宗延祐三年武宗之子周王和世㻋出鎮雲南次延
安其臣禿忽魯武宗舊臣釐日敎化等謀曰天下者我
武宗之天下也王之出鎮本非上旨由讒搆使然請聞
之朝廷庶可杜塞離間遂與陝西丞相阿思罕平章塔

察兒西臺大夫脫里伯中丞脫歡發關中兵分道自潼
關河中府入知河中府劉天孚視事始兩月事起不虞
達魯花赤朵兒只趨晉寧告亂天孚日夜治戰守具遣
丁壯分守要害令河東縣達魯花赤脫因都守大慶關
津口盡收船舫東岸令判官孫伯帖木兒守汾陰推官
程謙守禹門河東縣尹王文義守風陵等渡阿思罕軍
剡柵河西岸使來索舟天孚度不能拒凡八遣人至晉
寧乞援兵不報居七日阿思罕縛筏河上欲縱火屠城
同知府事鐵哥與河東廉訪副使明安荅兒事急且患

城中人偪乃詣阿思罕軍阿思罕因之而斂船濟兵兵
旣入城阿思罕以扼河渡鎖舟楫爲天子罪欲脅使附
已方坐府治號令諸軍天子投水死已而塔察兒脫歡
背約襲殺阿思罕敎化于河中周王遂居漠北
文宗天曆元年文宗襲帝位上都立泰定帝之子爲帝諸
王血刺台等兵南向使者頒詔至陝西省臣臺臣執之
送上都九月于隰州之烏門關吉州之馬頭秦王嶺二
關靈石縣之陰地關皆令穿塹壘石以爲固調丁壯守
之陝西兵入河中府刼行用庫鈔萬八千錠殺同知

府事不倫秃　陝西行臺也先帖木兒引兵從大慶關
渡河擒河中府官殺之
順帝至正十六年賊西陷陝州斷殽函勢欲趨秦晉知樞
密院事答失八都魯方節制河南軍調察罕帖木兒與
李思齊往攻之察罕帖木兒即鼓行而西夜拔殽陵拔
靈寶賊即渡河陷平陸掠安邑蹂晉南鄙察罕追襲之
蹴之以鐵騎賊回扼下陽津赴水死者甚衆相持數月
賊勢窮皆遁潰
十八年三月癸卯賊王士誠由絳州垣曲襲晉寧路城陷

總管杜賽因不花衆之甲辰察罕遣賽因赤等復晋寧
路是時賊方分道踰太行焚上黨掠晋冀陷雲中鴈門
代郡烽火數千里且南還察罕先遣兵伏南山阻隘而
自勒重兵屯聞喜絳陽賊果走南山縱伏兵横擊之賊
皆棄輜重走山谷其得南還者無幾
二十八年二月擴廓帖木兒退守平陽擴廓乃察罕之甥
自幼養以爲子山西晋冀之地皆察罕所定而答失八
都魯之子曰孛羅帖木兒兵駐大同因欲並據晋冀遂
至兵爭天子屢下詔和解之終不聽察罕既沒擴廓與

孛羅相持不可解孛羅兵逼京師太子奔太原與擴廓大舉討逆孛羅伏誅擴廓從太子還京太子欲脅帝禪位擴廓知其意將至京即散遣其軍太子銜之二十七年八月帝命太子親出總天下兵馬分命擴廓以其兵肅清江淮擴廓不受詔于是貊高關保等皆叛關保自察罕起兵以來即爲將勇冠諸將貊高善論兵尤爲察罕所信任至是皆叛之詔削奪擴廓爵邑令諸軍共誅之擴廓退守平陽七月貊高關保進攻平陽勢甚振數請戰擴廓不應或師出即退一日諜知貊高分軍掠祁

縣卽夜出師薄其營掩擊之大敗其衆闗保貊高皆被
擒詔闗保貊高間諜搆兵可依軍法處治皆殺之是時
明兵巳定山東河洛閏七月詔擴廓仍前河南王以兵
南討擴廓自平陽退守太原不復敢南向元軍事巳不
可爲矣
明太祖洪武元年十二月大將軍徐達副將軍常遇春克
太原遣傅友德薛顯平石州霍絳猗氏平陽等處皆平
都督康茂才率兵取河中府元平章吕德楊晟棄城西遁
正德五年流賊突犯翼城前哨至蒙城距運城百餘里居

人洶洶時承平日久城垣傾圮無守禦之具鹽院胡倉
卒集民丁萬餘晝夜修築五日城完賊亦引去後獲奸
細黄狗子知賊首齊彦明等欲刼運城聞城中已有備
賊乃散
六年夏五月山東流賊楊虎等作亂入山西界攻翼城不
能克掠北關而去其前哨三人至洪洞城南有邊商者
射之斃一人其二人遂退明日賊衆至距城半里許徑
北去疑城中爲之備也破趙城攻霍州不能克至靈石
官民棄城潰散賊大肆焚掠滿城盡爲灰燼

嘉靖十一年秋七月賊三十七騎至靈石縣北各村搶掠
人畜甚衆
十二年翼城白蓮妖人周朝董萴等自稱彌勒佛以幻術
煽惑愚民八月謀爲亂夜率其黨數百人燒毀縣署比
曉就擒盡殲之
四十一年靈石東山強賊楊甫因年荒聚衆劫掠殺楊千
户居民大被其害年餘始平
隆慶元年秋九月北兵南下夜至靈石縣燒燬各鎮店房
屋數千間殺擄男婦四千餘口至霍州郭家溝南焚屠

甚慘

萬曆三十九年𢫬子百餘騎突至萬泉縣知縣呼延楫督民壯捕之賊遁去

天啓三年叛兵八十餘人突至岳陽刼掠北鄉 賊掠霍州

崇禎元年陜西賊王家徇等始於河曲保德延及隰州

二年陜西賊至隰州夜窪鋪住經宿次日南行是時僅搶奪頭畜未敢攻城殺人 臨汾東西山盗起河西一帶殺擄無虛日時郡城無兵衛指揮王章率武生快壯衛

軍征勦不克臨汾令周文斗守禦甚嚴盜不能犯賊號

畨山鷂者東掠喬村鎮由岳陽至沁源

三年四月陝西賊王家禎破蒲縣生員曹爾奇拒之陷于

賊　五月陝西賊扒山虎領賊五百餘人破永和殺官

兵李如栢等　賊王家禎偪蒲州守道焦源溥簡鄉勇

五百人前後十餘戰斬賊首五閻王九條龍賊憚之不

敢窺蒲　秦賊犯河津縣樊村樓里等鎮　秦賊自谿

都峪出焚掠太平各鄉直薄城下知縣魏公韓親操火

器禦之創建磚城始此　十一月賊李興仁八十餘人

假作香客自濟源至垣曲典史馬鳴陛率鄉勇普衛等
禦之于村東澗河普衛死之
四年五月陜西賊王家禎賊衆萬餘自北來掠靈石各村
烟火幾絕　王家禎迫郡城參將李淮出戰失利巡道
呂遜嚴兵拒守巡撫宋統殷督兵臨城下賊走翼城
總兵曹文詔斬王家禎回至垣曲縣臯落鞍子嶺與郡
陵僧兵相遇彼此疑爲賊互戰久之乃解　流賊點燈
子自陜西渡河人馬無數總兵曹文詔襲其後一戰于
金定支村再戰于百家原復戰于明山斬點燈子餘黨

潰散賊掠絳縣　七月賊自陽城至垣曲縣北山退阪
等莊知縣段自弘拒之爲賊所敗　十一月陝西賊趙
四兒渡禹門泠橋掠河津臨晉萬泉猗氏等處焚殺無
數
五年流冦盤踞岳陽山中者三年各鄉殺掠幾盡　七月
闖賊李自成八大王老𤞤𤞤紫金梁翻山鷂等冦掠蒲
縣攻城三晝夜不克是夜賊令精鋭三百人襲大寧三
更城陷八月自大寧襲隰州守備高逸開北門逃去知
州楊偉拒守射傷賊甚多矢盡墜東城下賊住城中三

日燒州署民房民死者以萬計城內幾空　賊據平陸

東山　十二月賊紫金梁老𤞤𤞤蝎子快等數十萬衆

自陽城至垣曲據聳塚劉村𡎺坂陳王二十餘村劉村

省祭官周得英率鄉勇把守北山隘口爲賊所執不屈

而死陳村生員趙一脉死之脉父趙知巳全家被害賊

掃地王一斗穀混天王自絳縣來據劉張臯落二十餘

村陽和總兵尤世祿兵至斬賊三百餘級賊潰東走

賊據霍州東山　賊紫金梁等掠浮山

六年正月賊掠垣曲縣趙家坡望仙莊等村義兵郭可充

郭立澤等禦之　二月賊掠垣曲縣南山胡家峪等村
典史秦宗文率鄉勇劉俊民等追之聞喜縣石峽斬賊
二十一級賊紿官兵入谷口夜半賊自後截殺矢石如
雨宗文俊民等禦之　賊萬餘自絳縣掠垣曲縣北邢
馬南年等處焚掠西北二關而去　三月賊五千餘自
平陸至垣曲掠王家嶺一帶守道葉廷桂檄都司蔣守
備闖振國領兵擊之斬賊一百三十餘級賊敗走　四
月賊數萬屯垣曲瞽塚等村參將虎斬賊四十餘級賊
驚走　七月賊數十萬餘自濟源至垣曲自城以外皆

爲賊所據殺掠更慘石家村生員石鳴珂被執不屈死
之賊攻城七晝夜知縣段自宏同紳衿固守總兵曹文
詔統大兵至阜落鎮殺賊五十餘級圍始得解　十一
月賊數十萬又自濟源至垣曲適黄河水凍賊遂南渡
月餘方盡　賊二郎神顯道神等焚掠郡西州縣總兵
曹督兵征勦叅將虎大威率主兵駐郡城叅將賀人龍
率客兵駐東關宗紳士庶挨戶助糧嗣賀兵隨總督陳
奇瑜征秦豫虎大威力戰破賊遂解汾西之圍二郎神
等爲官兵所殺　賊八大王張憲忠老㹦㹦等衆數十

萬掠靈石　蒲縣土賊張喜春豐二豐三等盤踞東川

一帶百有餘里虎大威剿之不能克兩年後始就招安

七年垣曲屢被寇掠民不聊生三月間饑民千餘嘯聚六

郎寨至頭山四出搶劫知縣段自宏同范中軍督官兵

鄉勇攻破賊寨殺首惡孫守備與金富其餘招撫歸農

八月北山餘孽出沒無常都司薛敏忠斬賊三十七級

餘黨遠遁西路得通　隰州水頭等處流寇土賊各據

村寨賀人龍虎大威等勦滅之　賊八大王等掠靈石

八年流賊千餘自絳縣至垣曲攻破馬村堡黎將虎大威

追至瞽塚村斬一百七十級賊首二郎神混天王及賊二百餘人勢窮請降大威受之巡撫吳蜜檄大威除之大威至翼城設計悉斬之　岳陽流賊渡河而南餘賊猶據山中時出搶掠丙子丁丑戊寅間甚爲民害

九年垣曲鄉官石鳳臺招安瞽塚山賊數百人　鳳臺陽城人

十二年二月初三日夜半平陽營兵作亂叅將趙民懷不能戢巡道楊景明招降之斬首惡數人　四月流寇自西北至郡城擾土門田村等處趙民懷迎擊于金圪窩大敗之斬首百二十級賊走陜西

十三年饑民數千自陽城至垣曲搶掠各村遊擊柳如金

迎擊之賊散去

十五年春流寇復熾巡道朱之馮創建敵臺設常平倉以

三千金糴粟備賑知府左其人勸民積粟儲餉之馮復

招募新兵委衛官李承金訓練四月平陽營奉調援汴

至沁水兵譟而歸之馮招安之斬叛首李胡等二十餘

人事聞詔誅千總宋龔子

十六年二月賀人龍伏誅兵譁于潞安參軍魏鎮虎見殺

賊直抵平陽東北喬村鎮城守戒嚴遊擊柳同春迎敵

斬二偵賊會軍門差官撫之遂降駐金店鎮搶掠如故
知縣劉逵練鄉兵以備之四月闖賊陷西安晉撫蔡懋
德親臨蒲州置防河兵歸至平陽於河東書院立干城
社聘舉人桑拱陽爲社正生員李延秀爲社副令生員
張中蘊劉振聲等招集義勇俠士百餘人教習騎射時
曲沃賈瀵複亦立社保障爲守禦計　十月闖賊破潼
關陷西安十二月分遣賊衆履冰渡河破吉州鄉寧等
處賊將白鳩鶴李友自滎河竊渡二十五日闖賊行僞
牌至平陽府巡道李士焜碎之斬其使夜四更營兵奪

北門而逃是日襲陷蒲州剽掠十餘日蒲紳楊進出炮
烙㷔又遣各僞官防禦使府尹州牧縣令于正月初旬
渡河徑赴州縣上任原任官或聞風逃遁或繳印投降
安邑縣劳之屏霍州判官侯鼎祿拒不納城陷俱㷔之
十七年正月十六日李自成至蒲州蒲紳樊邦正相希尹
張𡗖鯉不屈被害自成十八日至猗氏十九日至聞喜
二十日至絳州二十一日至曲沃二十三日至平陽知
府張隣迎降留五日而北歷洪洞趙城霍州靈石至汾
州到處毒刑宗室縉紳故宦子弟富衿百姓追輸助餉

寃號之聲不忍見聞至二月又令百姓運解米豆草束往蒲州猗氏臨晉聞喜四處交納米豆每石幇銀四兩草每束幇銀一錢至七月又泒徵鋼布翎毛等物每鋼一兩價銀一錢酷刑拷掠無所不至　臨晉無賴勾引運城防兵焚南門而入搶掠一空

國朝順治元年五月李自成從北敗歸至平陽府殺其僞防禦使張𤅢遣綿侯袁以兵萬人屯桂甲莊而去僞府尹張㑺昌供億之九月僞衛山伯又至駐明宗藩高平府殺戮無算道路以目聞

大清兵至遂殺故西河王新甄賊衆走西安十月初一日

蒲州僞守將暨僞防禦使吳養德僞州牧劉修道棄城

而去各州縣僞官俱遁

大清兵至黑龍關吉州僞知州潛逃餘黨尚住州境房屋

焚毁大半　闖逆敗歸餘賊在河津者攻破故鎮樊村

諸堡𠈁者枕藉婦女不從賊𠈁者各堡井皆滿

大清兵駐懷慶遣賈得勝署垣曲士民聞得勝至將僞官

麻紹繫獄中紹審使人往曲沃請賊兵賊數萬忽至攻

破縣城殺傷男婦萬人

三年七月垣曲賊張五王小溪等千餘人作亂副將程遊
擊蕭勦平之
四年五月垣曲邪教高飛凌尙萬等據石寨作亂平潞各
營勦平之
六年大同總兵姜瓖叛姜瓖榆林人世爲明將崇禎間瓖
鎭守大同降李自成復歸順
國朝仍命爲大同總兵內懷反側漸謀不軌何巡撫司道
府縣出東門閱糧遂閉門謀逆分遣賊首平德攻平陽
府不克虞胤封洪官陷蒲州知州錢灪㣲遊擊武韜守

備許世德�之陷夏縣知縣劉之屏�之州縣或逃或
降固守者郡城及翼城絳州而已　陝西武弁王老虎
據延安應姜瓖渡河攻汾州拔之五月遂圍平陽攻七
晝夜巡道王無黨知府徐來麟副將范承宗嬰城固守
突出鋭師擒賊劉光明斬之一夕賊舁雲梯過濠謀登
城敵臺中矢砲交發賊兵稍却及大兵至始解圍潰走
官兵追擊之斬叛首劉四享于峪口村餘寇悉散未幾
復嘯聚郡南壽圍翼城不克轉破曲沃刼明故相李建
泰遂陷太平多羅王悉力攻之賊勢蹙乃降建泰見殺

于郡城　靈石縣侯和尚等據抱腹巖爲亂　賊陷絳
縣教諭崔珩投井死六月賊郭中傑張五等自絳縣至
垣曲知縣李棨宗訓導黄縉典史周茂覺死之　陝西
賊麗武生等陷永和典史鍾夢豹死之　隰州水頭鎮
土賊王登憲永和賊衛歛蒲縣賊劉嗣向陷吉州隰州
蒲縣永和等處往來刼掠幾及一年　八月大同人斬
姜瓖降
王師南下陝西總督孟喬芳率滿漢官兵恢復蒲州上下
夾攻所陷州縣次第收復土賊亦各勦平而全省民人

婦女房屋頭畜傷殘過半矣

十年四月垣曲賊屯朁塚山協鎮臧延齡遊擊丘如京勦平之

十一年三月陜西賊許二王世魁等據垣曲朁塚山守道嚴廼道胡遣兵搜勦斬賊百餘級餘賊盡散　翼城賊安國定等數千人嘯聚東山知縣胡獻瑾密計擒之

崇禎間闖賊之變惟垣曲志所載最詳其餘有載而極畧者有全無紀載者承平已久無從稽訊今據各州縣志所有者備錄之

晉爲覇國天下莫強六卿既分暴秦蠶食當是時生

民之塗炭實甚矣淮陰渡夏陽而魏地平高密斬王
匡而河東定兩漢相繼晏然無事即漼汜紛爭袁曹
互角中原鼎沸都邑丘墟而汾絳之間未聞罹鋒鏑
之慘也劉淵竊據兵革于是乎始靳準作亂劉曜西
遷自是以後忽而石勒據之忽而苻堅據之忽而慕
容冲起兵忽而慕容忠稱帝男不得耕女不得織者
幾百餘年拓跋既興席卷河北敗姚平于柴壁走乙
升于蒲坂始平以來閒左稍可以息肩矣既而魏晝
東西運歸歡泰玉壁之圍夙傷者七萬人不幾等民

命于草菅耶唐起晉陽臧老生下霍邑所向無前而

君素固守金剛力戰瘡痍猶不免焉天下旣定郡分

爲五地連畿輔民樂昇平其後禍起安史兵連藩鎮

震隣雖恐幸免虔劉至于唐末李懷光以河中叛王

重榮父子亦相繼有河中若慈隰汾澮之境克用與

全忠乍失乍復民不聊生然是時黄巾横行其毒方

熾以平陽言之毒猶稍減也爰及五代干戈徧地李

守貞妄覬非分力屈城陷其後叹瘥遺骸至數十萬

謂非禍之至酷者乎靖康之末婁室掠地而宋遂不

復振正大之時木華黎南侵而金遂不能支至正之季察罕定亂而元已不可爲九鼎將遷土崩瓦解天道之常亦無足怪明自徐常西下二百七十年間唐勤魏儉俗號淳龐胥紓解鹽土稱饒沃時可謂平矣平可謂久矣俄而寇起綏延往來蹂躪武備弛廢束手以待無不殘破之郡邑無不刼殺之歲月迄于今述入肝作膾之慘惡則爲之髮指聞拷掠縉紳之情狀則爲之背裂追繁華于斷壍頹垣則爲之歎息弔貞烈于荒崖胥井則爲之欷歔自史册所載野無青

草民靡孑遺曾有如此之甚焉者乎爰自周季迄今
數千年來戰爭殺伐之跡無一不載無一不詳因總
而計之晋州爲必據之險南户在蒙阬北户在霍邑
也河中爲必爭之地黄河以爲池中條以爲城也由
嵐石而來則先經吉隰自崤澠而至則先入平垣安
邑守鹽池之利長秋當汾晋之衝龍門取梁山之道
玉壁爲晋南之蔽歷考往古用兵何所從來何所從
去何以爲守何以爲攻則此方之阨塞險要可知也
然山谿猶是城郭猶是而乃劉石迭興苻姚各據周

齊互勝朱李相持則尚德而不尚險又可知也竊考秦之二世隋之大業唐之廣明元之至正海内盜賊蠭起而平陽之民未有據一城阻一邑而爲亂者蓋其人務農桑業商賈無剽悍剛狠之習無戈矛甲兵之利是以斬木爲兵揭竿爲旗者自昔無聞焉則此方之民其不可不保護而安全之者可知也嘗試驅車而過登高而望昔之流血成川者若彼今之烟火萬家者若此昔之疆宇分裂者若彼今之河山寧謐者若此則

聖天子之厚澤深仁休養生息所以脫之湯火而登之袵
席者不可不知也自今以往誠使安輯有術保障得
人李文杜畿以爲牧守汾陽西平以爲方鎮雖億萬
年享太山磐石之安可已